ラボ国際交流機関誌「ラボの世界」インタビュー記事叢書

○代とともに」語りあう

「異文化」交流を成長の糧に

ラボ教育センター新書

刊行にあたって

この本を手にする人のために—一〇代とともに—

佐藤　学（教育学者）

一・本書の成り立ち

ラボ国際交流センターは、一九八四年から機関誌「ラボの世界」の看板ページとして若い世代に対する各界で活躍する人びとからのメッセージ「一〇代とともに」を連載してきました。そこに登場した人びとは、学者、ジャーナリスト、音楽家、美術家、舞踏家、詩人、スポーツ選手、教育者、医者、職人、俳優、工芸家など一二〇名近くに達しています。いずれも時代の最先端で輝かしい仕事をおこなってきた錚々（そうそう）たる人びとであり、お一人おひとりの人生経験に裏打ちされた珠玉のことばで若い人びとの学びに熱いエールを送っています。どの一篇も一言もゆるがせにできない叡智にみちていますが、本書は、そのなかから一六篇を選んで編集されました。

「一〇代とともに」は的を射たことばだと思います。この連載は、年輩の者が若輩にむかって高いところから語りかけるのではなく、一〇代の若わかしい人びとと同じまなざしで世界と人生を見つめることばで語られ、しかも、若い世代の人びとともに学び続ける意志を表明し、一〇代の健やかな精神とそのもろさも共有して語られています。本書は、未来を背負っていまを生きている一〇代の人びとへの学びの讃歌であり、各分野の一線で先人が生みだした文化と智恵の結晶であり、世代を超えて学びあう者の知的な対話です。本書のこれらの特徴は、ラボ国際交流センターが一貫して追究してきた教育の哲学であり、「ラボっ子（ラボ会員）」たちを結びつけている精神的な絆といってもよいでしょう。

佐藤　学

二　学びのすすめ

一〇代の人びとの権利の中心は学びにあり、責務の中心も学びにあります。生涯学習の時代となったいまは、何びとも生涯にわたって学び続けることなしには社会に参加できない状況を迎えていますが、それでもやはり学びは一〇代の人びとの特権のひとつといってよいでしょう。

古今東西を通じて、学びにはふたつの伝統があります。ひとつは「修養としての学び」の伝統、もうひとつは「対話としての学び」の伝統です。「修養としての学び」は、自分の内面を知的にも情動的にも豊かにし、しなやかな知性と細やかな感情と叡智に支えられたモラルとしたたかな意志を生みだしてくれます。他方、「対話としての学び」は、世界との出会いと対話、他者との出会いと対話、自己との出会いと対話によって、世界（自然、社会、文化）の意味を読み解き、私と世界、私と他者、私と自分自身との新しい関わりを築いてくれます。人生を航海に譬（たと）えるならば、「修養としての学び」は羅針盤を準備し、「対話としての学び」は海図を準備してくれるといってよいでしょう。

だれもが誕生から死まで学び続けています。その出発点をたどってみましょう。「いない、いない、ばあ（peekaboo）」は乳児の最初の学びのひとつです。この学びは「恐怖」からスタートします。いきなりおとなから「いない、いない、ばあ」と呼びかけられて赤ちゃんはわっと泣きだします。しかし何度かくり返すうちに「恐怖」の苦痛で泣きだすのではなく「驚き」の感情で応えるようになります。「驚き」をくり返すと身体全体で「同調」するようになります。そして次第におとなの突然の呼びかけを「期待」するようになり、さらにはそれに「喜び」を感じるようになり、その「喜び」を笑顔と満身の笑いで「表現」するようになります。この恐怖から始まり快楽へといたる道筋に学びのもっとも基本的なプロセスがあると思います。

私たちは、未知の事柄、未知の文化、未知の経験をまず怖れとして感じとります。その怖れをうけいれ、未知の事柄、未知の文化、未知の経験に驚き、それに同調（模倣）し、その学びを期待し、それを表現し喜びにまで高めてゆくこと、その膨大な経験の積みあげが、その人の生き方をかたちづくり、その人の教養を形成し、その人と世界との絆を紡ぎだしてゆくのです。

ちなみに私の名前は「学（まなぶ）」といいます。教育学者になることを宿命づけられたような名前ですが、この名前を両親がつけたのは、教育学者になることを期待したからではありません。私が生まれたのは一九五一年、敗戦後五年を経過していたとはいえ、経済的には戦時中よりも悪い状態でしたし、日本はまだアメリカの占領下にありました。そして戦後の民主化運動がもっとも活発に展開された時期でもありました。その激動期において両親は、これからは一人ひとりが自由な「学び」によって自立し、その「学び」によってだれもが主人公になって社会を建設する時代になるという、希望と願いを託して「学」という名前をつけたのです。私はこの名前を誇りに思っています。そして、いつも「いない、いない、ばあ」という他者からの呼びかけに耳を澄まし、そのあまりに多い呼びかけにせわしく応答し、もがき続けて生きてきました。

佐藤　学

三．「国際交流」のすすめ

本書に収録された多数のメッセージに共通しているのは、自国の文化と世界の文化の双方に開かれた学びのたいせつさです。「異文化理解」「国際理解」ということばに、私はどこか抵抗を覚えています。「異文化理解」というのは、自他の間に境界線をひき他者を異界において理解することを意味しています。「国際理解」というのも同様です。日本の内側から外界である「世界」を認識することを「国際理解」と呼んできました。しかし、そうでしょうか。「異文化理解」「国際理解」ということばは、どうも私の実感とはしっくりこないのです。

私自身はこれまで二七か国を訪問して、教育改革の調査、学校改革の共同研究、国際学会の研究活動を行なってきました。訪問した海外の学校は五〇〇校以上、訪問した大学も一〇〇大学以上、講演しシンポジウムに参加した学会も二〇〇回近くになります。そのいずれもが貴重な経験であり、かけがえのない学びの場でした。しかし、それ以上に、そこで出会った研究者、教師、校長、教育行政の関係者の方がたは、私にとって貴重な財産です。「フェイス・トゥ・フェイス（face to face）」の人と人との交流こそが、私の学びの宝物です。それら私の尊敬する人びとの多くは、これからも一生、家族以上に親しい間柄を続けるでしょうし、それらの人びとの仕事に学び続けることになるでしょうし、尊敬と信頼と友情によって結ばれた同志として連帯しあうことになるでしょう。

この経験は「異文化理解」や「国際理解」という壁を内側から砕いていると思います。私と異国の友人たちは、同じ時代を生きる者として（さらにいえば、子どもたちの幸福とよりよい社会を築く使命を共有する者として）、国境をこえて共通する課題について理解を深め、異なる社会の文脈に即してお互いの実践と研究の経験と知見を交流してきたのです。したがって、私の経験からいえば、「異文化理解」や「国際理解」ということばよりも、「国際交流」ということばがもっとも適切と思われます。

ひとつの例をあげましょう。私が学んだ教育学者のひとりに、アメリカのスタンフォード大学の名誉教授のネル・ノディングズ（教育哲学会前会長、全米教育アカデミー前会長）さんがいます。「ケアの倫理学」で著名な方です。彼女は、ご主人とともに多くの不遇な子どもを養子にして育て、ケアの哲学をみずからの人生で実践してきた人です。その出発点となったエピソードをご主人のジム（元スタンフォード大学医学部教授）から聞いたことがあります。ジムとネルは高校の同窓生で結婚を誓いあっていました。大学進学後、ジムは朝鮮戦争で出兵します。ジムは戦争の責任を痛感し、餓死寸前の子どもを連れてアメリカに帰国しました。「結婚前に子どもを連れて帰ってきた」とネルは笑います。やがてふたりは結婚し、子どもが生まれます。その子どもが両親に「赤ちゃんはどこから生まれてくるの？」と尋ねたとき、韓国からジムが連れてきた子どもは「ジョン・F・ケネディ空港から来るんだよ」と答えたそうです。このエピソードを笑って語るネルとジムの話を聞いた私は「フェイス・トゥ・フェイス」の「国際交流」の貴重な経験をしたことを実感しました。私の経験したどの「フェイス・トゥ・フェイス」の「国際交流」にも、このようなエピソードが埋め込まれています。

私たちは本から学ぶ以上に現実から学ぶ必要があります。本を読むように現実を読む必要があります。そして、私たちは本から学ぶ以上に、そして現実から学ぶ以上に、他者の経験から学ぶ必要があります。

四．ことばの学び、人生の学び

本書に収められた多くのメッセージが、ことばの学びの重要性について語っています。私もことばの学びは、外国語の学びもふくめ、学びの中心であると思っています。私自身は、いつもことばに対して誠実でありたいと思っています。ことばはしばしば私たちを裏切ります。しかし、どんなにことばに裏切られても、ことばに対して誠実であり続けたいと思うのです。ことばは「裏切る」といいましたが、それはことばの本質のひとつの側面かも知れません。ためしに、自己紹介をしてみてください。「私は佐藤学です」ここまではいいのですが、「教育学者です」といったとたん、私は「それだけではない」と叫びたくなります。「ひとりの人間だ」「市民だ」「父親だ」「音楽愛好家だ」という複数の声が次から次にわきあがってきます。どういい直しても「真実の私」を表現しているとは思えません。「私は〇〇です」といったとたん、私自身からことばは遊離しています。このようにことばはいつも不十分で真実を偽り続けていますが、しかし、ことばによってでしか、私たちは世界との関わりを築けませんし、ことばによってでしか真実を認識できませんし、ことばによってでしか私自身

佐藤　学

を表現できません。ことばのみずみずしさは私たちの認識と感性のみずみずしさですし、ことばの豊かさは私たち自身の外界との関わりの豊かさであり、同時に私たち自身の内面の豊かさです。だから私は、ことばにどんなに裏切られようとも、ことばを尊重し、ことばに対していつも誠実でありたいと願っています。

ことばを豊かに育むうえで、日本語の古典や詩歌や現代の名文を味わうことは必須ですが、それと同様に、外国語を学ぶことも必要不可欠だと思います。歴史をふり返っても、太古以来、日本人は漢籍の素養をことばの文化の基盤としていました。夏目漱石や森鷗外はそれぞれ英語とドイツ語の達人でしたが、同時に漢籍の素養も抜群でした。漢籍の素養の伝統は中江兆民まで続きます。それ以後、日本人のことばの文化は欧米のことばを基盤としてきました。この歴史が示すように、日本語の豊かな担い手になるために外国語の学びは必要不可欠です。

私は高校時代は英語が不得意でしたが、大学の学部時代と大学院時代にドイツ語、ロシア語を独学で学びました。フランス語もスペイン語も辞書があれば読める程度に学びました。数かずの古典や学術書を原文で読むことが必要だったからです。現在は英語以外はほとんど使わないため、ほかの外国語はほとんど忘却してしまいましたが、これらの外国語の学びに挑戦したことは一生の宝物だと思っています。ことばに対する愛情とセンスが違ってくるのです。それにしても、一〇代の後半から二〇代の前半は外国語の能力をつける奇跡のような時期だと思います。この世代の若者は砂に水がしみ込むようにことばを吸収する能力をもち、そのことばによってみずからの思考と感情をとぎすませることのできる奇跡の時期を生きています。英語に苦手意識をもち続けていた私自身でさえもそうでした。若い人びとには、ぜひ挑戦してほしいと思います。

外国語の学びについて付言しておくと、いま、英語（あるいは外国語）が苦手であっても苦にする必要はないと思います。人は必要になると猛烈に学びます。また猛烈に学ばないと外国語は使えるようにはなりません。若い人びとは、その猛烈な学びに備えて準備をしておく必要があります。もっとも重要な準備はことばをたいせつにすることです。ことばに対して誠実であることです。日本語を豊かにしておくことです。その成否が外国語の学びを決定すると思います。本書のメッセージのなかには外国語を学ぶうえでたいせつなことが散りばめられています。身体全体で学ぶこと、ことばの文化的背景に関心を寄せること、よき師と出会うこと、どれも貴重な助言です。ぜひ参考にしてください。

五．学び続けるために

本書を読み通して最後に考えさせられたのは、私たちおとなの責任です。今日の社会は若い人びとが希望をもって生きられる社会とはいえません。その責任は私たちおとなの世代にります。今日の社会は若い人びとが希望をもって学び続けられる社会であるともいえません。その責任も私たちおとなの世代にあります。そのおとなの世代が若い人びとに学びのたいせつさを説くのはおこがましい思いもします。しかし、本書の著者たちは、そのおこがましさを乗り越えて、声を大きくして若い人びとに呼びかけています。暴力や差別や貧困のない平和で民主的な社会で人びとが幸福に生きられる世界を築くために、若い人びとは学びに専念することが必要であり、その学びによって自他ともに幸福を築き享受する権利があると。

本書には、学びの先達の珠玉のことばがちりばめられています。本書を読み通して、あらためて思います。学ぶ者には「慎み深さ」と「あこがれ」がもとめられます。人は「夢中になる」ことによって学びの快楽を経験し、「手ごわい人」との出会いによって学びの奥深さを知ります。そして「あこがれ」によって学びを持続する意志を育てることができます。そのすべてが本書のメッセージには埋め込まれています。本書が、一〇代の方がたと私たちおとなの世代の「学びあい」のドラマの舞台になることを願っています。

二〇一一年三月

佐藤　学

〔さとう・まなぶ〕

……一九五一年、広島県生まれ。教育学者。東京大学大学院教育学研究科教授。日本学術会議会員。ナショナル教育アカデミー会員（アメリカ）。財団法人ラボ国際交流センター理事。東京教育大学教育学部教育学科卒。日本教育学会前会長。学校を「学びの共同体」として再編成し、そこにおいて、近代的な意味での原子論的個人を、共同体的に再構成することを提唱。著書に『教師というアポリア』、『学び その死と再生』、『学校の挑戦—学びの共同体を創る』、『教師花伝書』など多数。

もくじ

◇この本を手にする人のために　教育学者　佐藤　学　3
◇若い世代におくるメッセージ　経済学者　大河内一男　17
◇ことばのちから、ことばのいのち　詩人・批評家　大岡　信　27
◇世界を結ぶ友情の架け橋　柔道家　山下泰裕　39
◇いまも民話を語り継ぐインドの家族　作家　タゴール暎子　49
◇音楽の意味を問い続けて　作曲家　一柳　慧　59
◇青い地球を宇宙から　宇宙飛行士　若田光一　69

◇言語、物語、そして文化　言語学者　池上嘉彦　81
◇ディズニーランドを通してみるアメリカ　文化人類学者　能登路雅子　91
◇グローバル世界を自分らしく生きる　歴史学者　入江　昭　103
◇芸の道も、人の道　落語家　桂　歌丸　115
◇自分の器を広げる挑戦　政治学者　佐々木　毅　127
◇多面的な価値観で異文化と交流　心理学者　東　洋　141
◇ことばのむこうがわにある詩　詩人　アーサー・ビナード　153
◇興味が学習の原動力　教育学者　福田誠治　167
◇探求的作文の冒険　比較文学者　管　啓次郎　179

《本書について》
本書は一九八〇年からラボ国際交流センター機関誌「ラボの世界」の「一〇代とともに」を転載したものです。掲載にあたり、当時の原稿をそのままに、文字表記や年号表記、プロフィールなどを整える編集を加えてあります。また本文中「ラボっ子」とありますのは、ラボ国際交流参加者などを総じた呼称です。インタビューに参加した方がたの学年も当時のものを掲載しています。

若い世代におくるメッセージ

大河内一男
経済学者
東京大学名誉教授
元東京大学総長

「ラボの世界」一九八四年一月

大河内一男

世界そして日本の昨今

――昨年の一九八三年は、国の内外でさまざまな事件や問題があって、気がかりな一年でしたが、新年にあたって、先生の気にかけていらっしゃることなどをおうかがいします。

昨年は、私にとって気にかかる問題がひじょうにたくさんあり、それに対する不安な気持ちを心の底にためたまま、新年を迎えたわけです。報道を通して記憶に残っていることは、そう簡単に解決できそうもない深刻な問題ばかりです。国際関係では、中近東の底なしの紛乱状態。これには日本人が理解しにくい民族や宗教のこじれがからみ、日本の報道機関が伝えるほどわりきっては受けとれません。

イラン・イラク問題を例にとると、この表むきのふたつの民族の間の宗教的争いの背後には、ふたつの核大国、アメリカとソ連（現ロシア）がひかえており、イラン、イラクはこの大国に操られる人形にすぎない、といわれていますが、実態はわかりません。また、フィリピンの反政府指導者ベニグノ・アキノの暗殺は犯人がわからないままです。ビルマ（現ミャンマー連邦）では、全斗煥大統領を除いて韓国の重要閣僚が爆破事件の犠牲になり、大韓航空機が領空侵犯で撃墜されましたが、原因はわからぬままです。

これら一連の国際問題はほんの二、三の事例ですが、従来のできごととはひじょうに性質が違っています。真相はいまだにわからず、国際的な謀略の影が濃いし、悪くすれば世界的な戦乱に直結しかねないことばかりで、いわば爆弾をかかえたような一年でした。真相の突端がみえながら、それをたぐって核心をつかむことは、いまのジャーナリズムの報道能力ではできないようです。それほど謀略が複雑怪奇になったということかもしれません。

日本の国内では、政治の面では元総理の田中角栄問題に端を発し、与党内では派閥の対立が紛糾し、政党は国会審議を放りだしたままです。政界、財界のいろいろなスキャンダル、献金問題などで、国会の与野党は激しいやりとりをしたのに、なにも解決しないまま漫然と総選挙にむかっています。こんな調子で、日本はいつのまにか軍事大国のような実態をもつようになってしまうのではないか、たいへん気にかかることです。

そのほか、中学生、高校生の非行問題、学校内や家庭内の暴力は想像を超えています。暴力や非行は従来からもあったのですが、昨年の特徴はそれが学校という「教育の場」での暴力問題になり、生徒と教師のあいだの不信感をまきおこしています。これはいったいだれの責任で、だれがこの状態を救ってくれるのか、いまのところまったく見当がたちません。結局、どこかへもっていって尻ぬぐいをしてもらおうとすると「しごき」になってしまう。暴力・非行問題を「しごき」で処理しなければならないということは、やはり戦後の教育制度のために、生徒と教師のあいだに信頼感や人間的な感情を育てることができなくなってしまったせいではないでしょうか。教師はお手あげですし、家庭の親たちは自分たちの教育的責任というものをまったく感じていません。

家庭では夫婦や親子の人間関係が、異常な速度でばらばらになってきています。離婚の数が増え、それが家庭内の人間関係をばらばらにしてしまう。子どもたちにとって家庭はもはやあたたかく心を休める場所ではなくなっているのに、両親はそれに気づいていません。

無力になった人間関係のなかを、堂どうと歩いているのはなにか。やっぱり暴力の世界です。昨年一年ぐらいのあいだに、右翼団体の数は急増しました。都会の街頭をみれば、右翼団体の宣伝カーがことごとにパレードをするという状態は、いったいなにを物語っているのでしょうか。あるいは、右翼団体とはべつの古くからある日本の暴力団、やくざなどというようなものの数も急増している状況です。

昨年一年間というのは、たまたま中曽根康弘内閣のできあがった一年間です。その一年間にこうした暴力の、人もなげな横行闊歩が目にあまるのはどういうわけですか。これに対して日本人はだれも見送っているだけで声にだして批判しないのはどうしたわけでしょう。民主主義というのは自分の考えていることを率直に声にだすことだと思います。これからのありかたとして、このままでいいんだろうかと気にかかってなりません。

中国との交流に期待

――ラボの国際交流は今年で一三年め、アメリカ、カナダからオーストラリアにまで広がりました。日韓交流の中断（一九八〇～二〇〇〇年中断）はまことに遺憾なことですが、ラボのなかではさらにヨーロッパやアジアとの交流の希望がではじめています、イギリスや中国との交流をそろそろ日程にのぼせるべきではないかと思うわけです。それについて、先生のご見解はいかがでしょうか。

国際交流は大きな仕事なので、最初はある程度まで運動が固まり、実績をふまえてさらに範囲を広げていくことがたいせつです。ラボの子どもたちや保護者たち、テューター（ラボ・パーティ指導者）のみなさんやラボの職員、４Hの指導者たちが日本とアメリカの交流促進に注いできた努力は、高く評価できるでしょう。けれども日本国内の問題としていえば、ラボの国際交流の運動はその関係者だけにわかっている運動と受けとられる面があります。ラボの関係者だけに通じる一種のことばで話しあい、内輪だけでそのなかに甘えこんでしまうことのないよう扉を広く開きましょう。

アメリカにホームステイした子どもとアメリカのホストファミリィが親密な関係を続けていくのはよいことです。でも、ラボの運動がふたつの国の若い世代の人間的な接触を理屈ぬきで定着させ、さらにラボ以外の若い世代との交流をつくりあげる土台になれば、これこそ

大河内一男

本物だと思います。そのためにラボの子どもたち、テューターのみなさん方は全体の交流の流れの尖兵として、いろいろな国との交流を刺激する呼び水となるのが望ましいのではないでしょうか。ですから、外からみる人たちが積極的な評価と支援を送ってくれる本物の運動になるように、いつもドアを開いたラボの活動でありたいと思っています。

英語をふまえて考えると、アメリカ、オーストラリア以外にも環太平洋地域の交流も重要ですが、なんといってもイギリス文化の母国との交流をぜひ始めたいと考えます。斜陽の老大国といわれますが、歴史と文化の奥行きをもつ国と手をつなぐことはぜったいに必要でしょう。しかし、日本はアジアの一員ですから、なろうことならアジアの代表的な国である中国と交流するのが、ラボ国際交流センターの本筋ではないかと思います。私の聞いているところでは中国側もひじょうにそれを希望しているようです。ラボの活動に政治問題を関わらすのはよいこととは思いません。けれども日中友好は、これからの三〇年、五〇年の長期にわたった展望をもたなくては達成されないでしょう。

現在、日中友好をめざす団体は日本にはたくさんあります。それだけではいけないので、いまの中学生、高校生ぐらいの年齢の世代の交流がぜひとも必要です。国柄が違いますから十分検討しなければなりませんが、アジアにおける中国という大国と、日本という先進産業国とのあいだで、平和的な人間関係をつくりあげることは、今後の若い世代に課せられた大きな仕事でしょう。私はそう信じていますので、いまのラボの交流活動が、積極的にこの問題にふみこんでいくことを期待しています。

「欠落」をうずめる努力

――新しい年にあたって、きびしい時代に生きるラボの若い世代に、先生から励ましのメッセージをお願いします。

私のように、明治に生まれて大正に育って、戦前の時代にいろいろな苦労を積み重ねて、また、戦争中に災厄にあい、戦争がやっと終わったと思ったら混乱と窮乏と、そういうものを体験してきて現在まだ生きているというような人間として、ラボの若い人たちに期待することはたくさんあります。

戦後、戦争のきずがなくなり日本経済が発展してから生まれた若い会員たちは、戦争体験ももたないし、戦前のこと、戦中のことについてまったく経験もないし記憶にないのは当然のことでしょう。ただ、みなさんの親の世代、あるいはおじいさん、おばあさんの世代は、営えいと苦労しつづけて、今日、年老いてまだ、山のように心配をかかえて若い世代とともに老後を生きている。年をとった日本人からすれば、若いラボの会員たちには、自分たちがいままで経験したいろいろな苦労や、つらい体験をさせたくない、自分たちが経験したよう

大河内一男

な目にはあわないで育ってほしい、と心から念願しています。

ただ、日本の若い世代は、精神的にも、たくましく育ってゆくために、自分たちの親の世代や祖父母の世代が、どういうような苦労をなめて今日にいたったかということを、たえず聞くなり読むなりして、知っていなければいけません。戦争が終わって世のなかが一応平和になってからこの世に生を受けた若い諸君ですから、それ以前のことはひょっとすると、興味がないかもしれない、と思いますが、じつはそうではない。若い世代がたくましく生きるということは、精神がひ弱でなくて骨がもろくないような、若い日本人の男性と女性ができあがるということ。そのためには、自分自身が戦争体験を負っていないということの、ひとつの大きな精神的な欠落とでもいうのでしょうか、それをなにかの方法で、ちゃんとその間隙をうずめておくことが必要でしょう。それをうずめることによって、若い世代がこれからいろんな人生を歩んでいく場合に、大きな指針として役立つでしょう。

戦争体験や過去の日本人のあじわった苦労や、また、日本人がやったと思われるいろいろな残忍な行動とか、好ましくない生活のしかたとか、そういうものに目をおおうことはよくない。それは、事実としてちゃんと知って、いまの若い世代の純粋率直な感覚で、自分たちのこれからの生活の精神的な糧にしていってほしいと思います。

（編集部注）ラボ国際交流では、一九八六年、中国との交流を開始。八九年には中国で史上初のホームステイが実現しました。

〔おおこうち・かずお〕……一九〇五年、東京府生まれ。八四年没。経済学者。東京大学名誉教授。元東京大学総長。社会保障制度審議会会長。日本学士院会員。財団法人ラボ国際交流センター初代会長。東京帝国大学卒。アダム＝スミスを土台にした社会政策論を展開し、戦後の日本型労使関係の確立に経済学的な基礎を提供した。主著に『独逸社会政策思想史』『社会政策の基本問題』『スミスとリスト』『戦後労働組合の実態』『暗い谷間の労働運動』などがある。八一年勲一等瑞宝賞受賞。

国際交流参加者の感想文

◇……サラという12歳の女の子を受入れして，私はいろいろな思い出をつくることができました。いままで日本人の目でしか見えなかったことが，ほかの人の目で見ることができたような気がします。

(中2女子・83年コロラド州より受入れ)

◇……テレビや雑誌で見ることのできるアメリカは，ほんの一部にすぎません。実際にその国の普通の家庭にステイするという経験は，異国を身体で感じることのできる最良の方法だと思います。

(高1女子・84年ノースダコタ州訪問)

ことばのちから、ことばのいのち

大岡　信
詩人・批評家
東京芸術大学名誉教授

「ラボの世界」一九八五年一月

大岡　信

自分と社会との関係性を教える

――私どもは日ごろ、子どもたちとことばの活動を行なっており、自己表現や表現の豊かさなどの問題で、多くのことに気づかされます。先生が谷川俊太郎氏らと出された『にほんご』（福音館書店）は、常づね参考にさせていただいております。このご本は、どんな状況認識と意図をおもちになってお書きになられたのでしょうか。

『にほんご』には四人の著者がいますが、主として谷川俊太郎くんがテキストを書きました。ほかの三人は、谷川くんの書いた基本的な文章に注文をつけたり、いろいろな材料をもちよってつけ加えたり、というかたちで関わりました。ぼくらはいまの国語教育について、そうたくさん知っているわけではないのですが、人生も五〇歳を過ぎてみると残しておくべきメッセージがあるのではないか。それを仮に、『にほんご』というものにまとめてみたわけです。これは小学校一年生むけ、といっているけど、ほんとうはおとなに読んでもらいたい、そういうつもりで書いた本です。

ぼくはいまの子どもたちの意識のなかで、ほかの人に対する関係の意識があいまいになっているところがあるように思う。子どもたちがひじょうに自己中心的になっていて、自分に対する甘えが強くなっている。ひとつにはいまの社会全体のありかたの影響もあるだろうと思う。たとえば、電車の中で子どもが傍若無人にあばれまわっても、それをやめさせようとしない母親があまりにも多い。要するに、子どもたちは、親の世代からなにもいわれず、親とべったりくっついた関係で、親とのあいだに隔てがない。ぼくは、それはひじょうに問題が大きいと思います。

つまり、自分たちが世界の中心である、という考え方を、無意識のうちに子どもたちがもってしまう。だから、この教科書は最初に「わたし　かずこ」「ぼく　あきら」とはじまって、「あさがくると　みんな『おはよう』って　いうね」とあいさつをさせている。つまり世界というものが、自分ひとりで成りたっているのではない、ということを言語表現の世界できちんと教えこむ必要があるのではないか、と思うのです。中学生になっても「○○ちゃんは」と、自分の名前を自称としていう子は、けっこういますね。そういうところに、日本人の子どもの言語的教育の不徹底な面があると思うんです。そのために生じるさまざまな問題があって、それは言語だけのことではなく、生活習慣のすべてをふくんだ、文化の問題だと思います。

かつて日本人は、西欧の先進文明国といわれる国ぐにあこがれをもち、その模倣をすることが、ある意味では知識の習得だったけれど、いまはひじょうに自己満足的な傾向がでてきて、もうヨーロッパやアメリカに学ぶものはないという考え方が、かなり広がっていますね。ぼくなどには理解しがたい傾向だけれど、大学生の外国文学や思想に対する関心も最近は薄れちゃったんですね。それは、恐ろしいことになると思うのね、将来、また。第一、日

大岡　信

本は資源の少ない国だから、全世界とうまくつきあっていかなければならないのに、自分が世界の中心的存在だと思いこんでしまうのは、危険だろうと思います。

『にほんご』では、とにかくまず自分と相手との関係をはっきり認識させようとした。たとえば、ひとりの子どもは親からみると「むすこ」、医者へいくと「患者」、学校へいくと「生徒」ですね。このように、自分は社会的な単位として、他者との関係においていろいろな側面があり、けっしていつも同じではないということをあきらかにしようとしました。個人というものが社会の関係の網の目のなかで生きていることを、まず教えようというねらいです。いうまでもなく、個人というもののもっている意味・価値は、もう無限だといえます。しかしそれは、自分の隣の○○くんについても、まったく同じです。したがって、互いにどこかで協調しなくてはならないですね。それは、つきあい方ということにつながります。

日本人はつきあい方が一般にへたです。仲間どうしだとものすごく親密になるけど、そこに未知の人がひとり来ただけで急にだまりこんだりする。他者との平静な関係が保てなくなって、自分自身のなかに閉じこもる傾向があるんですね。他者との関係を保つには、子どものときからの教育が重要だと思いますね。『にほんご』は、人間が関係性のなかで生きているという事実を子どもに認識させる、という考え方で出発しています。それができたら、言語の基本は入ったと考えてよい、と思いますね。

ことばを生きいきとさせるために

――現代は、メディアの多様化、機構の複雑化がすすみ、コミュニケイションの問題は重要だと思われています。最近は、ことばの意味性だけに依拠し、ことばの身体性・音韻性といった側面が失われていく傾向がますます強まっていくようです。意味性だけでないところに、真のことばの力が生まれてくる、と考えるのですが、先生のお考えはいかがでしょうか。

日本は、敗戦直後は再建するだけで精いっぱいだったけれど、それから先は高度成長の経済をめざして、日本社会が一丸となって走りだしたんですね。その際の行動方針は、あるエネルギィを使う場合、最大限に効率をあげる有効な方法をたえずもとめてゆくということですね。有効性ということで測っていくと、ことばというものの、いまのご質問にでてきたような側面は、省かれざるを得ない。ことばのなかでも有効性を測ることのできないこと、たとえば、あの人の声の音色はなんとなく感じがいい、という「なんとなく」の部分とか、間のとり方とか、そんなものは必要ないから省いてもよろしいということできてしまった。なぜなら、いちばん有効な方法とは「イエス」か「ノー」かの二者択一に事を単純化することだからです。

社会全体が意味性だけを問う傾向に走り、いまやそれが極限にまで達していると思う。コンピューター時代となって、あいまいさや間違いをゆるされない現実に、人びとは直面しているわけです。いままでは、間違えてもちょっと部分修正すればよかった。ところが、コンピューターでは、ミスするとプログラミングを最初からやり直さないと修正できないことが生じる。だから、間違うとたいへんだという恐怖感があります。神経症の人がふえているのもそのせいもあるのではないでしょうか。

しかし、日本の社会全体が、みずから意志して能率万能主義の方向にきちゃったのですから、この傾向を切りかえるということはたいへんなことですね。そんな社会では、とりわけ詩なんてなんの役にも立たないとされるでしょう。ところが、考えてみれば、いまやなんの役にも立たない非能率的なものこそ、人間に残された貴重な自由の世界ではないかということがいえるのではないか。詩とか芸術といったものは、みな、そうですよね。

だからいま、詩とか芸術作品全体に対して、若い人たちはなんらかの意味でむしろ関心を強めていますね。芸術的なものに対する関心とか渇きは、戦後のある時期にくらべても強まっている、とぼくは思います。そういう意味ではひじょうに逆説的なんだけれども、若者たちは全体の状況に対して、皮膚感覚的に拒絶反応をおこしている。芸術作品のもつあいまいなところに泉のようなものを見出して、そこで渇きをいやそうとしているのだ、と思います。

ことばの身体性や音韻性という側面についていうと、ことばは「話す、聞く」「読む」「書く」の分野にわけられますが、「話す、聞く」は相手がいなければ成り立ちません。現代では、ひとりぼっちでない世界で成立する「話す、聞く」がとくにたいせつだと思います。声を通さなければ、どんな考えもほんとうには生きてこない。昔の古い歌も、声をだしてうたわれ、あるリズムをもっていた。だから、ことばには力強さと美しさがあったし、いまのように活字や筆記された文字を目だけで読むこととは違ったものがあったでしょう。人間の身体のリズムは、自然界のリズムと関係があることをふくめて、ことばのリズムということは無視できない重要な要素だといえるでしょうね。

話しことばの文体と論理性のある話し方

——子どもたちの作文や日記はもちろん、現在の出版物などで気づくことは、話しことばがそのまま文字化され、文体化される傾向が強まり、日本語の特徴であった、話しことばと書きことばの区別について変化がおきているように思われます。この新しい言文一致ともいうべき状況について、どのようにお考えでしょうか。

ぼくもその問題には関心をもっています。それで原稿を書くときも、読んだ人が、ぼくがなにかのインタビューに応えて話していると思うだろうような文章を意識的に書いたりしています。とくに、堅い論題についての論文を頼まれたときわざとやります。

大岡　信

日本語の大きな問題のひとつは、もちろん文語体と口語体が別べつだったことですね。明治になって、作家や新聞記者やいろいろな人が、言文一致運動をおこしてがんばってきたけど、いまだに、文章の文体と話したことばの文体とは、あまり一致していているとはいえない部分がありますね。とくに、むずかしいテーマを扱っている文章が、文体においても、ますますむずかしい表現をすることに、ぼくは昔から疑問をもっていましてね、むずかしいテーマであればあるほど、やさしい文体で書くべきだ、と考えていたわけです。

昨年の一一月に、ある雑誌に「話し言葉・書き言葉」というテーマで書いたんですけどね（臨時増刊ユリイカ／特集「日本語」青土社）、そのなかでぼくは新しい用語を発明して書いちゃったんだけど、つまり多くの雑誌などに書かれている論文の文体は「新文語」というべきものじゃないか、と書いたんです。文語というのは、「〜なりけり」という文章ですが、そういう文章を読んでいるのと同じくらい現代の論文の文体はむずかしい。ようするに「新文語」だという意味です。内容を構成していることばには、外来語を使うこと、それから、漢語の抽象語をたくさん使うこと。このふたつがぼくのいう「新文語」の特徴なんです。そういうことばは、つまり術語であることが多いのですが、これがたくさん入ってくればくるほど、庶民の生活レヴェルからは遠い話になってしまいます。そこに、ぼくは言語における階級制度がはっきりとでちゃうと思う。

明治以来、大学をでているかいないかによって、話しことばまで違ってしまった、という歴史があるわけですね。たとえば、義務教育をおえて、それ以上進学しなかった人にとっては、抽象語の、概念を表わす術語で話をされても、ぜんぜんわからなかったわけですよ。日本人はもともと、漢語で抽象概念を表わそうとしてきたのだから、まず漢字を知らなきゃだめ。また、漢字を知ってても、漢字を組みあわせてできあがった抽象的な概念というものについてまったく教えられていない場合はチンプンカンプンですね。ぼくは、むずかしいテーマについての文章を書く人と読む人とのあいだにある距離を、少しでも縮めたいと思います。けれど、そう思っていない人たちがあまりにも多すぎる。自分たちの仲間うちだけで理解しているような用語を、何万部も売れるような雑誌にだす文章でも平然と用いていることの無自覚さを感じますね。

ですから、話しことばで書いたりすることもふくめて、話しことばの文章というものを、もっと磨きあげていく必要があると思います。ぼくも、自分自身が話をするときには、なるべく筋の通った話し方をしたいと思っています。いまの子どもたちの話し方を聞いていると、筋の通ってない会話が多いと思いますね。試しに彼らの会話を三〇分ほど録音して、文字化してごらんなさい。いかにわずかなことしかいっていないか、わかると思う。

日本語には話しことばのルールが確立されていない。子どもたちの話し方はフィーリングでしゃべっているようだけど、そういう話し方は友だちのなかだけじゃなくて、よそでもやってしまうんですね。だから、たとえば主語を省略して話しているときも、自分はいまは主語を省略して話しているんだ、と自覚しながら話すことができないとまずい。でないと、論理的な話し方の訓練ができないですからね。

　それから、日本では昔は会話のなかで決まったいい方が豊富にありましたね。決まり文句は社会的な摩擦をやわらげるうえでは重要な役割を果たしていたと思う。いまは、決まり文句の使用が乏しくなったために、会話をするとき、みんな苦痛を感じていると思いますね。ある意味で、決まり文句のもつ偽善性は潤滑油といえるんじゃないか。それに、決まり文句がすらすらでてくると、話す本人も気分がいいものですよ。決まったいい方をくり返すことによって、首尾一貫して筋の通る話し方の訓練にもなっていたんでしょうね。

　イエスかノーかの論理を強調する教育方法は大いに困るのですが、同時に感覚を強調するだけの教育も大いに困るんです。小・中学校の教育で話しことばのスタイルを確立していくなかで論理性というものを、しっかりと子どものうちにたたきこむ必要があると思う。同時に、感覚的な日本の言語──音も色も、その他さまざまなにおいや触覚もふくめて、言語の世界にはあるんだよっていうことをね、子どもに教えることは、たいへん必要だと思うんです。

〈おおおか・まこと〉

……一九三一年、静岡県生まれ。詩人、批評家。東京芸術大学名誉教授。日本芸術院会員。東京大学文学部国文学科卒。東京大学卒業後、読売新聞社に入社。六三年退社後、明治大学教授、東京芸術大学教授を歴任。「現代文学」創刊。谷川俊太郎らの「櫂」や「今日」に参加。東野芳明らと「シュルレアリスム研究会」を結成。五五年「現代詩試論」、五六年第一詩集『記憶と現在』で注目される。七一年『紀貫之』で読売文学賞、八〇年「折々のうた」で菊池寛賞を受賞。著書に『春少女に』、『地上楽園の午後』、『超現実と抒情』、『岡倉天心』など多数。日本ペンクラブ会長、日本文芸家協会理事なども務めた。二〇〇三年文化勲章受章。

国際交流参加者の感想文

◇……考えさせられることの多いホームステイだった。両親は子どもにいちいち指図しない。むだな注意をしない。子どもとおとなの間に信頼関係があるからだろう。(高1男子・85年アーカンソー州訪問)

◇……9月の頃，毎晩のようにみていた「帰国する夢」もみなくなり，自分のペースができてきました。とてもつらい時期もありましたが，「3か月を過ぎれば」というアドヴァイスを支えにがんばってきて，いま，その通りになりました。

(高3女子・89年第1回ラボ高校生留学参加)

世界を結ぶ友情の架け橋

柔道に賭けた青春

山下泰裕
柔道家
東海大学理事・体育学部長

「ラボの世界」一九八八年五月

山下泰裕

暴れん坊が熱中したもの

——ロサンゼルス五輪（一九八四年）で無差別級優勝、世界選手権三連覇、全日本選手権九連覇、連勝記録二〇三、など前人未到の記録をおもちですが、柔道をはじめられた頃、そして一〇代の頃のお話をお聞かせください。

私は小さい頃からとても体格がよかったのです。小学一年生のとき、六年生の洋服がちょうどよかった。小学校卒業時には、一七二センチメートル、七八キログラムありました。

大きいだけでなく、たいへんな暴れん坊でした。学校でもじっとしていることができません。ものを壊したり、友だちを泣かせたり、いじめたり、ケガをさせたり……。小学校四年生のときはクラスメイトが学校に来なくなった。先生が心配してその子の家を訪れ、よく話をきいてみると「やっちゃんがこわくて、学校に行きたくない」と。「やっちゃん」は私のことです。小学校時代はほめられたことがありません。「通信簿」の先生の所感欄はお小言ばかりです。落着きがない、集中力がない、乱暴である。人にはやらせるが自分ではやらない、などなど。

母はぼくをなんとかしなければと真剣に悩んでいたようです。スポーツをやらせれば、技を磨いたり、身体を鍛えたりするばかりでなく、心も鍛えてくれるのではないか、と考えて柔道を習わせようと思ったのです。すなおな子どもになってほしいという理由のほかに、肥満防止の目的で、母はぼくを道場に連れていきました。小学校四年生のときでした。

稽古をはじめてみると、柔道が好きになって夢中になりました。柔道ははげしい競技ですから、はげしい気性の私に合っていたのでしょうね。だから上達も順調で、六年生のときには、熊本県小学生の部で一位になりました。身体が抜群に大きかったので、いま考えてみるとそう特別なこととは思わないのですが、県大会で一位になったことで、藤園中学校（熊本市）の白石礼介監督の指導を受けることができるようになったのです。矢部町というところで生まれ育ったのですが、熊本市の中学に通うことで、私の目は熊本県から全国へ開かれました。高校二年生の二学期からは東海大学付属相模高校で佐藤宣践監督の指導を受けました。そして私の目は世界へ開かれました。

一〇代というのは、自分ではなにもわからない年齢で、いい指導者に出会って才能を伸ばせるかどうかは大きな課題です。私のふたりの恩師は日本一の指導者で、情熱をもって特別にかわいがっていただきましたので、柔道だけでなく人間的にも強い影響を受けました。そしてすぐれた指導者に引き合わせてくれた祖父も、定期券を購入して毎日道場に通うなど、私のために一生懸命力を尽くしてくれました。

外国人とはすなおな気持ちで

――数かずの国際試合の体験をはじめ、一年間のイギリス留学と国際体験も豊かにおもちですが、スポーツを通しての国際交流体験、またそのなかで考えられたことなどをお聞かせください。

山下泰裕

外国人とつきあうとき、もっともたいせつなことは相手のなかに自分が入っていくことだと思います。つながった立派な文章でしゃべれなくても、単語ひとつでも、身ぶり手ぶりでも、自分から積極的に話しかけようという姿勢がたいせつです。うまく話せるかどうかより、自分の気持ちがたいせつで、自分が裸になりすなおな気持ちでむきあうことが重要です。

外国人がみんな英語を話せるわけではありません。共産圏、アラブ、アフリカ、東南アジアの選手などは英語に堪能なわけではありません。こちらもたどたどしいけれど、相手も不自由なのです。同じ大会でがんばった人たちどうしが仲よくなろうという気持ちが必要ですね。そういうなかでお互いの友情が芽ばえてくる。私は外国に行くときはその国のことばで、こんにちは、おはよう、ありがとうございます、すみません、などのいい方を練習して行きました。試合後のパーティでも、日本選手どうしで固まらずに、できるだけ自分から話しかけようと思いました。

一年間イギリスへ留学しました。一年間しか時間がないのだから、一年間をフルに生かし、柔道やスポーツを知るだけでなくものの考え方や習慣を知りたい、友だちもつくりたいと思いました。日本でたくさんの紹介状もいただいて、イギリスで困ったことがあったらこれらの人たちに頼ったらいいと、親切な人たちの申し出にも恵まれました。でも私はどっぷりイギリスの生活につかりたいと思ったので、日本人のお世話にならなかった。困ったことがあれば全部イギリスの人に相談しました。そしてとても親切にしていただいた。

イギリスでは最初の四か月、英語の学校に通いました。そこには日本人が多くて、生徒の二～三割は日本人で、休憩時間は日本人どうしで集まってしまうのですね。ぼくは、外国人と話すことがぼくにとって、知らない人を知る、ちがう社会を知るための勉強だと思いました。ある日、ひとりの日本人学生が「山下さんはどうして私たちを避けるんですか」と聞きますので、ぼくの考えを述べました。するとその学生は、「山下さんはいいですよ、柔道があるから。私も友だちをつくりたいけれど、共通する手段がなくてむずかしいんです」と。

このエピソードは「柔道」を「スポーツ」と置き換えても成立する話だと思います。スポーツには、国境、宗教、民族、人種も無関係です。スポーツは世界を結ぶ友情の架け橋です。スポーツのすばらしさをあらためて感じました。

イギリスでは長男が誕生しました。このときには外国人の考え方の違いにふれることになりました。ちょうど出産予定日の前後に、日本を出発する一年前からの約束で、私は西ドイツで行なわれる講習会にヘッドコーチとして参加する予定がありました。子どもの誕生はプライベートなことだから、だいじな仕事を優先するのは社会人として当然のことと考えていた私は、外国で子どもを産む女房のそばについていてやりたいとも思って悩んでいました。英語の先生に相談しますと、「西ドイツ行きはやめなさい。子どもが生まれる、これ以上たいせつな仕事は世の中のどこにあるのだ」といわれました。それでも結論がだせずにいろいろな人に相談していくなかで、イギリスのコーチが助け舟をだしてくれ、自分の休暇を棒にふり、コーチ役を私と代わってくれました。私は出産日前後だけ西ドイツからロンドンに戻りました。

昔、モスクワの世界選手権でキューバの優勝候補選手が、奥さんの出産のため試合前日にモスクワ入りしました。時差ぼけで勝てるはずがありません。選手のときにこの話を聞いた私は、「ああ、愚かだなあ。自分にいちどしかないチャンスを奥さんの出産で逃がすなんて」と思いました。いまは別の考えをするだろうと思うのです。相手の習慣を知ると、それまで奇妙に思えたことも別の見方で考えることができるようになるんですね。反対のことは日本についてもいえると思う。だからこそ、一人ひとりが小さな努力を重ねて、国際間の理解を深めていくことが必要なのです。

積極的な行動を

——一〇代の子どもたちへのメッセージをお願いします。

ふたつあります。ひとつは、自分の人生なのだから、なにごとにも積極的に自分からすすんで行動してほしいと思います。

大学生を教える立場に立って彼らをみると、大学生になっても口を開けて餌をまっているスズメのように、自分で道を探っていこうとする気力に欠けているように思います。夢やロマンをもって自分で行動することがたいせつですね。自分からやって失敗しても、その後かならず自分にとってプラスになります。いろいろな失敗をした人こそたくましくなるし、人の痛みもわかる、自分がどうすればいいかみえてきます。選手としての自分の体験からも、これは真実です。

ふたつめは、知能、身体、心のバランスのとれた人間になってほしいと思います。オックスフォード大学やケンブリッジ大学、モスクワ大学を訪れました。いずれもその国のエリートが学ぶ大学ですが、スポーツが盛んでした。勉強ばかりでなく幅広い人間になるためにも健康な身体と健全な精神の育成に力点がおかれていると思いました。

現在、私は選手としては引退しましたけれど、つぎは社会人として勝利者になりたい。自分の手で世界一の選手を育ててみたいですし、柔道界やスポーツ界に微力を尽くせる人間になりたいと思います。立派な社会人になるためには、選手としてがんばったのと同じ努力が必要です。自分が高まらなかったら、人を高めることはできません。一流の選手を育てることは、一流の指導者になることでもあります。ぼくの人生はこれからです。選手として感じたプレッシャーはきつかったけれど、それを背負うことは誇りでもあり、励みでもあったわけです。またいつの日か、プレッシャーを背負える人間になりたいですね。みなさんもごいっしょに歩きましょう。

山下泰裕

〔やました・やすひろ〕……一九五七年、熊本県生まれ。東海大学理事・体育学部長。認定NPO法人柔道教育ソリダリティー理事長。神奈川県体育協会会長。八五年の全日本柔道選手権優勝を最後に現役引退するまで七つの引き分けを挟み二〇三連勝の記録をもち、全日本柔道選手権九連覇を達成。八四年ロサンゼルス・オリンピックでは、二回戦で軸足右ふくらはぎに肉離れを起こすも金メダルに輝いた。九二年より、全日本柔道男子強化ヘッドコーチ、男子強化部長、強化副委員長・同連盟理事を歴任、二〇〇三年、国際柔道連盟教育コーチング理事に就任。おもな受賞歴に、国民栄誉賞（八四年）、紫綬褒章（〇七年）など多数。

【インタビュアーの感想】

心も身体も大きかった

◎――山下さんはとても大きくたくましくみえた。心のなかも考えていることや自分の目標としているものも、すべてが大きくみえた。山下さんは外国で身体全体をつかって表現するのだとおっしゃった。ラボっ子と同じだ。あの大きな身体で表現するのだ。お話をするときの心のもち方をいろいろと教えてくださった。山下泰裕という人はほんとうに大きかった。

（稲垣太嗣＝高1）

◎――山下さんは世界一強い男になった人。けれども、ただの大男ではなく、偉大な紳士だった。八年間王座を守り続けた精神力。人と接するとき、山下さんはまず自分を隠さず、すべてさらけだすのだそうだ。それを聞いて思わずうなずいた。それはぼくが昨年国際交流で得たことそのものだったからだ。世界一だろうがなんだろうが、いや世界一だからこそ、謙虚な山下さんに尊敬の気持ちがわきおこった。

（古井戸祐一＝高1）

◎――山下さんに会うまえは「こわい」と思っていました。力がある人に会うと思ったからです。けれども話を聞いているうちに「こわい」から「感動」へと心を動かされました。途中、感動のあまり涙がでてきそうでした。私は自分をふり返っていました。ひとつは人との出会いのチャンスをすてていること、ふたつめは勇気を心のなかにしまっていることです。知らない人と出会うことは勇気がいるし、学校と違ったものを学ぶと思います。このことを教えてくださったような気がします。

(田村奈津子＝中1)

◎――柔道をはじめた理由が「気がなかった」とおっしゃる山下さんは、そんなふうにはまったく見えなかった。逆に相談にはのってくださり、やさしい人でした。そしてとても意志が強い人でした。

(村本義則＝中1)

◎――山下さんは、ぼくたちの目をしっかり見て話してくださるので、とてもよく話がわかりました。それに身体が大きくて、握手をしたとき手が大きくて手を握るのがたいへんでした。

(本山禎晃＝小6)

いまも民話を語り継ぐ
インドの家族

タゴール暎子

作家

「ラボの世界」一九八九年一一月

タゴール暎子

家族は小さな共同体

――先生はインド・ベンガル出身のタゴール氏と結婚され、長くインドで暮らしておられました。そして、その貴重でまれなご体験を『嫁してインドに生きる』（筑摩書房）などにお書きになっておられますね。私たちにとって近くて遠い国、インドの人びととその暮らしは興味深いことです。

インドの伝統的なヒンドゥー社会の家族形態はジョイント・ファミリィ（結合家族、または大家族）で、ひとつの制度として長いあいだ続いてきました。それは夫婦を軸とした西欧型の家族形態とは異なり、親を中心として男子系の者が結婚、未婚にかかわりなく、その一族郎党とともに代々同じ家に住み続けるものです。ですから、三人の嫁がいっしょなどということもありふれたことですし、ときには、未亡人になったおばあさんや、未婚のおばさん、夫と死別したおばさんも同じ家で生活します。

その一族のなかで収入のある者（多くの場合は男子）はそれを出資し、一族の父親、または長男、または年長の男子が家長として全体をまとめています。ジョイント・ファミリィでは財産は共有ですし、食物や生活費は公平に分配されます。ひとつの台所を共同使用し、同じ食べ物を分けあう。つまり、ファミリィに属する人びとは、老いも若きも病人も失業者も、等しくこの家族内で生活する権利をもち、生活が保障されています。そして「できる限り与え、必要なものは得られる」という原則が貫かれています。大家族制度は一族の財産の分散を防ぎ、共有財産を保つ目的でうまれたものですが、経済機構が変わるにつれて、大規模なジョイント・ファミリィは今日ではほとんど姿を消してしまいました。

それでもなお、一軒に二、三人の嫁たちが同居して、各人の子どもたちがお互いに兄さん、姉さんと親しく呼びあう兄弟姉妹関係を保っているケースは多いことです。子どもたちは同世代とはもとより、年長の人びととも日常的に接する機会に恵まれており、自然のうちに対人関係のあり方やふるまい方を学んでいくわけです。

インドといえばカースト制度が知られていますが、法律では禁止されておりますカースト制度も、社会習慣では生きています。結婚は七割以上が見合いで決まり、見合いの第一条件に同じカースト出身であることというのがよくあげられます。カーストが異なる人びととのつきあいはひんぱんにありますが、結婚や葬式その他の人生の節目節目に行なわれる儀礼や宗教儀礼、会食などでは、現在も根強くカースト制度が存在しているといえましょう。大きく分けると、バラモン（司祭）、クシャトリア（王侯武士）、ヴァイシャ（商農民）、スードラ（奴隷）の四階級ですが、カーストが上のバラモンがヴァイシャよりもお金持ちとは限りません。経済的にいえば、三番めの階級のヴァイシャのほうが豊かで、物質的に恵まれた生活をエンジョイしています。少なくともヒンドゥー教徒は、他国の人が感じるような差別感をもってカースト制度を判断していないと思います。カースト制度を認めているのは、インドで最大多数を占めるヒンドゥー教ですが、これは二千年以上も前から、「マヌの法典」に基づいてヒンドゥー社会を支配してきた法（ダルマ）、規則とみなされています。しかし、なかにはこの法と制度に反対してクリスチャンとなった人や、回教徒、仏教徒も多いのです。

子どもも親しむ二大叙事詩

——インドは五千年という長い歴史をもち、民族もさまざまですので、文化も多様であると思いますが、インドの民話の特徴、また現在のインドで民話がどのように語り継がれているのかをお聞かせください。

私はインド民話の専門家ではありませんが、私なりに収集できた範囲の民話、とくにベンガル地方のものを日本語に翻訳しました。文化、民族の坩堝（るつぼ）といわれるほど多様なインド全体では、長いあいだ語り継がれてきた民話がおそらく無尽蔵にあるでしょう。

また物語の多くが各地を経巡る聖者や行者、放浪歌詩人、行商人、出稼ぎ人などをはじめ物語の聞き語りや弾き語りなどを職業とする「語り手」によって、さらにその地方固有の物語と混ざりあって、新しい話をうみだしてきました。

しかし、こんな多様さにもかかわらず、インド民話に一貫して共通している点があります。

それは古くから伝わる古典文学と神話、宗教が深く関わっているということです。インドの古典文学はいまから約四千年前に、中央アジアからインドの西北部に侵入してきたアーリア人がもたらした、バラモン教の教典『ヴェーダ』、また古代インドの二大叙事詩『マハーバーラタ』と『ラーマヤーナ』にまでさかのぼります。『マハーバーラタ』はバーラタ族の戦争の歴史ですが、バーラタ王の子孫である兄弟たちが王位を争った何十年間もの闘いが描かれています。しかしそこには、闘いばかりでなく、愛や慈悲、正義、勇気、神霊、運命などの尊さや意味が数かずのエピソードであつかわれています。『ラーマヤーナ』は、ラーマ王が敵と闘って勝利をおさめるという英雄的な史詩で、これは善と悪、神と悪魔との闘い、と解釈されています。

　この二大叙事詩は、現在のインドの子どもたちにも圧倒的な人気があります。部分部分が劇化され、村は村なりに都会は都会なりに上演され、民衆にとって観る機会がひじょうに多く、身近な存在です。最近では、『マハーバーラタ』がテレビ化され、毎週日曜日二時間ほど放送されていますが、人びとはこの時間は仕事も休んでテレビに釘づけになっています。車もストップし、お互いの家を訪問することも控えています。よくインドでは停電になるのですが、この番組のときだけは停電にはならず、もしなったら暴動になるだろうと考えられているぐらい、人気があるのです。

　大家族主義を基本とするインドの家庭では、日常的に子どもたちが民話を聴く機会がたくさんあります。語り手はほとんどが女性で、子どもたちは白いサリーのおばあさん（未亡人は白いサリーを着る習慣）の足元にうずくまって、なんかお話ししてよとねだります。好奇心に満ちた眼を輝かせた子どもたちが聴く物語は、古典ものや民話、おとぎ話、神話などや、彼らの父母、祖父母の幼く若い日々のエピソードです。ファミリィの絆が強まるのも、ジェネレイション・ギャップとは無縁であると思われる情景です。こうした物語の根底には、勧善懲悪や道徳思想、公徳心などが盛りこまれ、子どもたちの考え方、善悪の価値判断などを方向づけてくれます。

インド民話の底流となっているヒンドゥー教は宇宙・自然のふしぎ、神秘を畏れ、敬う自然崇拝にはじまる多神教です。宇宙の万物が信仰の対象となっています。なかでもブラフマン、ヴィシュヌ、シヴァの三神を宇宙の根源の神としてあがめながら、これらの神がみは「三神一体」であると考えられています。神がみにも私たち人間と同じように家庭があり、親がいて妻子もいます。そのうえ、神がみはいろいろな姿に化身して地上に降り、慈悲や善行を行なうとされています。このようにヒンドゥーの神がみは人間に親しみやすく、したがって民話のなかにもひんぱんに登場してくるわけです。

日本人として行動する
――異文化のなかで生活された体験をふまえて、一〇代の子どもにメッセージをいただけませんか。

これからの子どもたちは、もう日本のなかだけでは生きていけません。世界のさまざまな国と関わらざるを得ません。国際的な視野にたって、行動することが要求されます。そのひとつの手だてとしてことばがあります。せめて英語だけは習得してほしいと切実にのぞみますね。英語を知っていれば、世界のかなりの人びとと自由に十分にコミュニケイトできます。

国際的な視野というのは、日本人として知っておくべきことは知っており、日本人としてきちんと行動できる、ということが前提になって身につくものです。自分のアイデンティティがはっきりしていない人間が、相手の立場で相手を理解することなど、できないではありませんか。日本人のなかで人間関係がきちんと結べない人間が、外国人といい関係を結べるとは思いません。人間としてのいいふるまい方というのは、日本のなかだけでなく外国でも通じるものです。

さまざまな国の人びとともに、自己を主張しつつ、相手をも受け入れることのできる人間に成長していってほしいです。

タゴール暎子

〈タゴール・えいこ〉……一九三六年、東京都生まれ。作家。大学講師。青山学院大学英米文学科卒。著書に『嫁してインドに生きる』、『私の中のインド』、『異文化体験のすすめ』、『インド民話集―緑のおうむヒラマン』、『人になりそこねたロバ（インドの民話）』、『日本の詩歌集（ベンガル語への共訳書）』、『ドルドルドラニ』など多数。

【インタビュアーの感想】

興味深いインドの大家族制

◎――タゴールさんはいわれました。「自分の文化をたいせつにしてそれに基づいた行動をすればいいのですよ。そうすれば相手の人はきっと理解してくれるでしょう。少々表現は違うかもしれませんが」。このひとことに思わずうなずいてしまいました。自分のなかでごちゃごちゃしていたものが、すーっと整理され、一本筋が通っていきました。

（道上忠之＝大3）

◎——インドの大家族制をラボにあてはめてみると、ラボというものを多少は外から眺められたと思います。学校などでは縦のつながりはあまりなく、ほとんど横のつながりであると思います。こういうところがラボのいいところではないでしょうか。

（牧岡　茂＝高1）

◎——私は同じ女性としてタゴールさんの生き方にたいへん興味をもっていました。ことばはもちろん、文化も生活習慣もまったく違う国で、さまざまな困難をのりこえて立派に生きてこられたタゴールさんの姿には感銘を受けました。自分には想像もつかない世界をみせていただいたような気がします。

（蔭山裕子＝大1）

◎——おもしろいと思ったことは外来語の話だ。現在使っている日本語のなかにはインドからきているものが多いのには驚いた。「ばか」もインド語からきたものだそうだ。日本語だと思っていたので驚いた。

（小野英樹＝高2）

◎——カースト制度についての話でどの階級の人もそれ相応の努力をすれば、職業として司祭になることもできるという話を聞くと、カースト制度に差別は感じられない。またそれぞれの人が自分の仕事に誇りと自信をもっているという点では、むしろ日本人よりも立派な生き方であるように思われる。

（溝畑東吾＝大2）

◎——インドの物語については、ひとつの地方のものだけ読むのではなく、いろいろな地方の物語をたくさん読めば読むほどおもしろくなってくると思いました。ぼくもいくつか読みましたが、どれも予想をはるかに超えたおもしろさでした。

（細山　匠＝中3）

音楽の意味を問い続けて
人間と音の関係を追究する

一柳　慧

作曲家　ピアニスト

「ラボの世界」一九九一年三月

一柳　慧

焼野原で抱いた希望

――先生は現代音楽の第一人者として精力的に音楽活動を展開されておられます。幼年期の音楽環境、また一〇代をどのようにすごされたか、おたずねします。

私は一二歳で終戦を迎えましたので、私の一〇代は激変といえる時代のなかにあったと思います。着るものはもちろんのこと食べるものもなく、物質的に貧しい時代でした。しかも戦時下の日本は軍の統制下にありましたから情報も限られていました。楽器も楽譜もなく、とくに外国の楽譜を入手することなど不可能で、音楽を学ぶことも、その活動をすることもできない状況でした。コンサートホールは唯一、日比谷公会堂があっただけです。

きびしく抑圧されていた戦時中から終戦を迎えたことは、思春期の入口にいた私にとっても解放感のある大きな喜びでした。物が不足していても、将来に対して自由に理想を追い、希望をもっていました。焼野原で暗中模索をしていたとはいえ、精神的には前途がひらけていくという可能性に満ちた時代でもありました。自由なふんいきもありました。

現在の日本の状況と比べると対照的です。経済大国として物質的に恵まれ、あふれる情報に満たされているけれども、自分でなにかやりたいことをみつけて実現していくには、社会の管理化がすすみ、縦割りに役割分担がされて閉鎖的になっていますので、むしろ困難になっているといえるのではないでしょうか。

物質的に貧しくはあったけれど、精神的には満ち足りた時代に一〇代だった私は、試行錯誤をしつつ、音楽だけでなく、さまざまの芸術の分野の人たちへむける関心もありました。戦後の早い時期から、映画監督の大島渚、建築家の磯崎新、作曲家の武満徹など、友だちとしてつきあいがはじまり、現在も続いています。お互いにさまざまの刺激を受けながら、同じ志をもつ人たちがともに歩いていく連帯感に裏づけられた交流が始まりました。このことは現在の仕事にもいい影響になっています。

一九歳のとき、アメリカの大学から奨学金を受けて、留学しました。当時は貨客船といって貨物と人間が半分ずつ乗る船でアメリカまで一七、八日かかりました。一ドルが三六〇円の時代で、国外へ出ることがむずかしく、たまたま友人の縁でアメリカへ留学することになりましたが、どこでもいいから外国へ行きたいという憧れがありました。父はチェロ、母はピアノの演奏家でしたが、私は作曲に興味がありました。

一柳　慧

微細な音に聴き入る

——現代音楽の作曲家、またピアニストとして、音楽の地平にどんな夢を描いておられますか。

音楽においてもっともだいじなのは、いうまでもなく「音を聴く」ことです。それは具体的に音に聴き入ることから、心に響く音までふくめた聴き方になりますが、その根本にあるのは静寂です。作家の城山三郎（一九二七〜二〇〇七）さんが「静けさは心の緑」といっていますが、私が考えていることをいい当てていると思います。

私たちのまわりから、静かな時や静かな空間が消え去ってからすでに久しく、静寂な環境や静謐（せいひつ）な時間は遠い過去のものになってしまったようです。テクノロジー万能の、現代の日本における私たちの生活で静けさを見出すのは至難なことです。これを時代の趨勢といってしまうのはやさしいけれども、音を聴くという意味では、著しい影響を与えています。「音」から連想するのは、都会に住む多くの人の場合、音楽よりも騒音のほうでしょう。音が音楽と切り離されたところでしか考えられていない、あるいはまったく考えられていないことが実情でしょう。これはひじょうに変なことです。音楽の素材は楽器がだす音ばかりでなく、社会のなかの音、生活のなかの音も対象にならなければいけないわけです。

バロック時代から続いていたヨーロッパ音楽の安定した構造がゆらぎ始め、音組織にも異変が生じてきたのは一九世紀後半からです。それまで音楽は、聴く者に心理的な解放感や充足感を与えるものとしてつくられ、そこで育まれる時間は、音楽の進行や展開と密接に結びついて、作品の構造を支える要として存在していました。音楽が時間芸術として位置づけられていた時代です。

ところが、私が尊敬し、多くを学んだジョン・ケージ（一九一二〜九二／アメリカの音楽家）の不確定性の音楽の出現によって、音楽の時間構造はまったく解体してしまいました。不確定性の音楽においては、すべての音は断片と化すことによって、そこでは音高はもとより、リズムも、既存のいかなる形式も、時間を育む要素にはなり得ません。いいかえれば、音楽の側で、聴く者を索引する要素はなにもないのです。ですから、聴く側に音楽を発見しようとする、あるいは音楽の意味を発見しようとする能動的な姿勢がなければ、なにも聴くことができない音楽だといえます。この音楽に時間の要素があるとすれば、それは時間を否定することによって生じるマイナスの意識でしかありません。ここでは音の選択を行なうのをやめることも選択である、というそのことだけが、音楽を存立させる唯一の要素であるといったらいいでしょう。

日本では近代以降、音楽が聖域で行なわれてきました。幼いときから音楽教育を受けた一部の人たちによって、演奏されたり、作曲されたりしてきました。音楽が生活のなかの音と区別されてきた理由もここにあるでしょう。ヨーロッパ古典音楽に代表されるように、きれ

一柳　慧

いな音の美の世界へ、つまり現実のきたない音、聴きたくない音から逃避するために音楽が存在していたのです。

もちろん、音楽が現実とは別の理想の世界をもとめるために存在することも必要です。けれども、社会が変わり、社会がさまざまな音で満たされるようになると、そのなかで生きていく人間と音との問題を異なった視点から考えてみる必要もあるのではないでしょうか。電気的な器材やメディアの発達によって、専門家だけでなく、たくさんの一般の人たちが音楽を楽しめるようになってきました。音楽が専門化して一般の人と隔たりが生まれてしまうのは望ましいことではありません。けれども、最近の機械装置は安易なかたちで発音されるので、音楽の意味を問うことから遠ざかっているように思います。そして、機械文明の限りない発達によって、日々巨大化する騒音環境があります。私たちはこの環境を食い止め、なにか改善する方策をもっているでしょうか。

沈黙や静寂が存在し、微細な音に聴き入るような人間的営みを可能にしてくれる環境は、果たしていつの日か私たちのもとに回復されるのでしょうか。ほとんど絶望的ともいえるこれらの状況に対して、私はひとりの芸術家としての立場から、これからも私の作品のなかで音楽の意味を問い続けていく以外にはないと思います。

自分の興味に固執する

――戦後の変化の激しい時代に一〇代を送られた先生から、これからおとなとして生きる子どもたちに贈るメッセージを。

日本の国際化は急速にすすんでいます。社会の価値観も五年ぐらいのサイクルで変わっていくことでしょう。東欧のベルリンの壁崩壊などの昨年の動きをみても、予測のつかない事体は今後も起こり得るでしょう。現在の価値観がすべてではないという客観性を、これからの若い人たちはぜひもってほしいと思います。

外国の人たちの日本への関心も高まっています。戦後急速に発展し、あらゆる産業で先端的な国になった日本を理解しようという動きがおきています。歌舞伎、能の文化をもつ国が、なぜ経済大国になったのか、ふしぎなのです。彼らがこの変化を考えるときの尺度は芸術です。日本の芸術の変遷を通して、日本の精神構造の変化を分析しているのです。日本を特集した催しが毎年のようにヨーロッパ各地で開かれていますが、プログラムの半分は日本の古典のもの、あと半分は現代の日本を表現するものです。明治初期、日本がヨーロッパ文明を積極的にとりいれた時代とちょうど反対になるように、ヨーロッパやアメリカでは日本文化に関心が高まっていますね。歴史が交錯していますね。笙（しょう）の演奏や、お坊さんの声明（しょ

一柳　慧

うみょう）がこのごろたいへん興味を集めています。

社会の動きも急速で、情報量はあり余っていますが、それだけになおのこと、自分で興味をもったことにはなるべくそれに固執して、そこから自分の世界をみつけてほしいと思います。突然の出会いやひらめきもたいせつにして、みつけられるようになってほしいと思います。そうでないとみんなが同じような考えをもつことになるでしょう。

私自身、音楽を選んだとき、仕事としてやっていこう、とは考えていませんでした。現在思い返せば少々無謀だったと思いますが、音楽で収入を得られるかどうかは考えず、やりたいことをやっただけです。演奏から作曲の分野を選んだときも、私にはこれしかない、という思いだけです。自分がなにかやりたいと思ったとき、それはひとつの転機です。

みなさんも、情報に惑わされず、自分の好きなことに固執してほしいと思います。

〈いちやなぎ・とし〉……一九三三年、神戸生まれ。作曲家。ピアニスト。公益財団法人神奈川芸術文化財団芸術総監督。作曲をジョン・ケージ、ピアノを原智恵子、V・ウェブスターらに学ぶ。一九五二年アメリカに留学し、ジュリアード音楽院ほかで学ぶ。おもな受賞歴に、フランス芸術文化勲章、毎日芸術賞、セルゲイ・クーセヴィッキー賞、サントリー賞、京都音楽賞大賞、尾高賞を四回受賞。二〇〇八年文化功労者。作品はオーケストラ曲、協奏曲、雅楽、声明、邦楽器曲、室内楽曲、独奏曲、電子音楽など多数。代表作に交響曲「ベルリン連詩」、ヴァイオリン協奏曲「循環する風景」、雅楽「道」など。著書に『音を聴く』、『音楽という営み』。

【インタビュアーの感想】

夢にむかって歩きたい

◎――一九歳のときにはすでに自分のすすむ道をみつけ、音楽をするために留学された。戦争が終わって七年めのことだ。私がほんとうにすごいなと思ったことは、まだ一〇代という私と同じような年代に「曲を作りたい」という固い意志をもっていらしたこと、そして、将来のことを考えてではなく、自分のやりたいことを押し通し、現在立派な作曲家になっておられるということだ。安全策ばかりとらずに、自分の人生にぶつかっていきたい。

（原　裕子＝高2）

◎――自分の夢とはいったいなんなのか、と話を聞いて強く感じた。先生は一〇代ですでに自分の意志を確立していらしたということにたいへん驚嘆した。音楽活動のほか、あらゆる分野にわたって広い関心をもって自分たちに語ってくださったことにも、とても驚きを感じた。話を聞いて、自分の考えが一層深まった。一度しかない人生で自分が夢をもつことはすばらしい。

（佐藤　宙＝高2）

◎――とくに、世界における日本の立場についてのお話は興味深かった。現在日本は物質

一柳　慧

的に恵まれているが、精神的に満たされているのかどうか、そして外国文化の氾濫と日本文化の衰退の話はあらためて日本について考えさせられました。

（増井雅美＝大2）

◎――もっとも印象がつよかったのは留学したときの話です。いまの私には想像や映画などでしかわからない戦争を、身近に感じました。先生の一〇代のお話に興味がありました。

（森田康子＝中2）

◎――アメリカにとびたった先生。日本人である先生をあたたかく迎え入れたアメリカ。なにもかも新鮮ではじめてだったアメリカの生活。去年アメリカに行き、あの国が大好きになった私はとても興味深くお話を聞くことができました。

（井上千家子＝中2）

青い地球を宇宙から

宇宙飛行士は元ラボっ子

若田光一
宇宙飛行士

「ラボの世界」一九九二年七月

——若田光一さん、このたびはおめでとうございます。「ラボの世界」では以前に土井隆雄さんにインタビューしたことがあります。若田さんの場合は土井さんや毛利衛さん、向井千秋さん（ともに八五年に選ばれた日本初の宇宙飛行士）とは少し役割が違うのですね。

スペースシャトルにはコックピット・クルーと呼ばれる船長とパイロットのほか、MS（ミッション・スペシャリスト）と実験などを専門に行なうPS（ペイロード・スペシャリスト）が搭乗します。それが土井さんたち三人で、いま、エンデバーで衛星を投げたり取ったりしているのが（ぼくが任務につく予定の）MSです。船外活動をするのはMSだけ。コックピット・クルーは船外には出ません。船を維持するのがおもな仕事ですから。

——新聞の報道によると、宇宙ステーション建設の仕事に携わるということですね。

将来的にはそうです。宇宙ステーションを組み立てたり、中で運用したりといったミッションにつきますが、まだまだ先のことで、自分でも具体的にはわからないんです。まずは今年の八月から一年間、MSのための基礎コースがあり、順調にいけば一年後にMSに認定されて、それからスペースシャトル搭乗のための訓練が四、五年、そして早ければ五、六年後に実際に搭乗ということになります。

空へのあこがれ

――航空の分野にすすもうと思われたのはいつごろですか。

両親が九州出身で、帰省のたびに飛行機に乗ることがあったのです。それで小さい頃からすごく興味があって、いろんな本を見て「あれはこれこれこういう飛行機だ」なんてやってました。その子どものときのあこがれをその後もずっともち続けていて、どういう就職先があるかわからなかったのですが、とにかく飛行機に携わりたい、それには航空工学を勉強しなければいけない、そのためには物理、数学、英語を勉強しなければだめ、そんなふうに考えて高校時代は過ごしました。

――ゴールがみえて、そこから逆算してなにをするのかと発想するのは、なかなかむずかしいことですね。

そうかもしれませんね。でも航空工学科にきているような人は、ぼくのように小さい頃から夢みてきた者がほとんどです。ほんとうに好きでしかたがない、いわゆる「ひこうきオタク」みたいなのがいっぱいいいました（笑）。でも、子どもの頃の夢を現在の仕事、そして宇宙飛行士へと結びつけることができて、ぼくはラッキーだと思います。

若田光一

せりふは歌を覚えるように

――ラボっ子時代のことを少しお聞かせください。ラボに入会したのはいつごろですか。

小学校の一年か二年だったと思います。テーマ活動はけっこう好きでしたよ。『ぐりとぐらのおきゃくさま』や『てじなしとこねこ』は発表をしましたから、いまでも自分のせりふくらいは覚えています。そういうのは楽しくて、英語に親しむという点では重要だったと思います。でも、それはすぐに英会話ができることに結びつかない。そこで英語の物語に親しめた人が次の段階にステップアップできるんじゃないでしょうか。

あの頃はなにか歌を覚えるようにせりふを覚えていました。テーマ活動をやっているうちわかってきますが、最初は意味がわからない。それで高校生ぐらいになってからあらためてラボ・ライブラリーを聴いてみると、あれは楽しくていいですね。高校生のときも何度か聴いていましたよ。ラボ機（ラボ・テープ再生機）はいまでもたいせつにとってあります。

つぎに来るときまでに絶対!

——若田さんは中学二年のときラボの国際交流でコロラド州に行っていらっしゃいます。そのときの体験から英語を一生懸命勉強しようと思われた……。

中学二年というと、やっと過去形を習ったぐらいでまったく話になりませんでした。でも、ホストファミリィがとてもいい人たちで、そこで一か月を過ごして、話せないのになんとなく気持ちが通じているんだなって感じて。この人たちとうんと会話できるようになりたい、つぎに来るときまでにはぜったいに話せなくちゃだめだ、とそのとき強く思いました。

ホストのお父さんも、中学から高校のときにドイツにホームステイしたそうなんですが、それで最初に「おまえの気持ちはよくわかるんだ。おれもドイツ語がしゃべれなかったんだ」というようなことを、ゆっくりとした英語で話してくれました。それさえもおそらく辞書をひきながら理解したんだと思いますが、じつにタイムリィな激励のことばでした。

国際交流は、英語はべつとしても、ぼくの人生にとって大きかったと思いますね。まったく違う文化の人たちと過ごすということは、一つひとつが強烈な印象でした。水上スキーを一生懸命練習したり、あるときはワイオミング州のほうまででかけていって、星空の下でキャンプしたり。朝からパンケーキを食べている彼らを見て、「ああ、この人たち変わっているなあ」なんて思いましたね。

とにかくむこうでは楽しくてしょうがなかった。帰るときには、ホストのお母さんに預けておいたパスポートをなくしてくれて、帰れなくなればよかったのに、と本気で思いました。ほんとうにいいところに行かせてもらったと思っています。

いまも続くホストファミリィとの交流

——日本に帰ってきてからもホストファミリィとの交流は続いているのですか。

ええ、いまもまだ続いていますよ。つぎの年にむこうからホームステイしたいという希望があって、こちらも受け入れる予定でいたのですが、いっしょに住んでいた祖母が亡くなって、ほんとうに申し訳なかったのですが、それができませんでした。代わりにうちの近くの家にステイしてもらいましたから、何度か会うことができましたが。

その後、ホストのお父さんがＩＢＭにつとめていた関係で、出張で日本に夫婦でやってきたこともあって、そのときは、ぼくの両親もみんないっしょに会いました。

ぼくが大学院にすすんだとき、ちょうど最初に行ってから一〇年後ですが、二週間ぐらいかけてアメリカへ行ってきました。みんな身体は大きくなっていても顔は変わっていないいんです。アメリカの両親も白髪が増えた程度で、そのときはいろいろ英語で話せたのでうれしかったですね。

昨年の夏はうちの家族でアメリカへ行きました。ホストファミリィに会うことも大きな目的でしたが、とにかく、ぼくが中学二年ではじめて外国に行って受けたショックをいつか日本の両親に味わわせてあげたいと考えていましたから（笑）。

——そんなふうに一五年も交流を育てているとうかがって、こちらもうれしいですね。

ぼくもそのときの印象が悪かったら続いていないと思うんです。その家族もいろんな国の人を受け入れしているようですが、やはり続いている人とそうでない人がいるそうです。

——今回、宇宙飛行士に選ばれたことをむこうのご家族はご存じですか。

もうまっ先に国際電話で知らせました。ほんとうに喜んでくれまして、「おまえのことを自慢に思う」なんていってくれて。むこうへ行ったら忙しいんでしょうけど、週末に飛行機で行って会うこともできますから。もうひとつの家があるというのは心強いですね。小さい頃からぼくを知ってもらっているから、ほんとうの家族のような気がします。いっしょに暮らしたのはたかだか一か月なのに、ふしぎなものですね。

——そんなふうに一五年間も交流を続けるということは、こちらもそうですが、むこうにもオープンな気持ちがないとだめですね。ビジネス感覚ではなくヴォランティア精神で、ほんとうに好意だけで子どもたちを一か月も受け入れてくれる。それが二〇年も続いている。これはたいへんなことですね。

ほんとうにぼくも感謝しています。いいプログラムを始めてくださったと。

地球は一個しかない

——ラボで国際交流に参加した人は約三万人になります。この交流の輪はいまではオーストラリア、中国、イギリスにまで広がりました。中国とのあいだでは、はじめての中国ホームステイ交流を行なっています。

そうなんですか。それは重要だと思いますね。とくにアジアはいちばん近いところですし。

ぼくがアメリカから帰ってきたときは、もうアメリカだけが外国だという気持ちでいたわけです。そういうふうな誤解をしている人は多いかと思いますけど。そのとき親戚のおじさんでもう六〇歳を越えていて、太平洋戦争のときにシベリアで捕虜になった経験のある人なんですが、ぼくにこういったんです。「アメリカだけが外国じゃないんだぞ。いちばん近い国はアメリカじゃなくて、ロシアとか韓国なんだ。それを忘れるな」。

あのときよくいってくれたと思うんですね。こんな中学生にいってもしかたないのに。まあ、ぼくが浮き足だっている状態のときにいわれて……。その意味が大学生になってからわかるようになりました。

大学時代はアジアとかヨーロッパとか、いろんな国からの留学生と話す機会がありました。とにかく、いろいろ話すことが重要ですね。べつに結論がでなくてもいいんです。意見を交換できることが重要だなって思います。

そんななかで知りあいになった留学生のところへ遊びに行ったことがあります。韓国とドイツに行ったんです。韓国の人は熱烈に歓迎してくれましたね。食事にはいっぱいごちそうをだしてくれて。

ドイツに行ったとき、その人が話してくれたんですが、日本の人がよく「あなたは西ドイツからきたんですか、東ドイツからきたんですか」って質問するそうなんです。その人にとっても、おそらく多くのドイツの人にとっても、西とか東は関係ないわけです。ドイツ人なんですよ。こちらにとっては無知からくることなのでしょうけれど、むこうの人にとってはすごく傷つくことばなんですね。べつに好きで分かれているわけじゃない。自分の知らないことがたくさんあって、そういう無知からくる言動がいかに相手を傷つけているか。ワールドカップをテレビで見ていてもGermanyとしかでてないですよ。それがヨーロッパでは常識です。常識というのはむずかしいもので、場所によってはまったく違うんですね。地球っていうのは一個しかないですから、なるべく多くのことを知りたいですね。

NASA（米国航空宇宙局）の試験は観光気分で

——ものすごい競争率のなかから宇宙飛行士に選ばれたというので、なにか人間ばなれした方なのかと思っていました（笑）。

すみません、ご期待にそえなくて（笑）。でも、自分でも信じられないんです。

——選考の基準には知識や能力だけでなく、性格的なものもあったのでしょうか。環境適応能力というか、どんな人ともある程度うまくやっていけるというような。

医学的、心理的なテストや面接がかなりありましたね。最初は共通一次試験的な選考テストがあるんですが、そのあとはディスカッションや面接が大きなウェイトを占めました。やはり閉鎖空間で長時間いっしょに活動するわけですから。

こういうことはいろんなところで研究されていて、たとえば、ふつうの旅客機のキャプテンとコ・パイロット(副操縦士)、フライト・エンジニアの関係でもそうなんです。コックピット・リソース・マネジメントというのだそうですが、過去の旅客機の墜落事故などの原因も技術的な欠陥というより、ヒューマン・ファクターによるものが大きいと。そういうことがNASAとかアメリカの航空会社でまじめに研究されているんですね。とくに今回のようにある限られた人数でミッションを遂行しようとする場合には、そういうことがとても重要じゃないでしょうか。

とにかく、今度の試験は受けていて全部おもしろかったですね。最後まで選考に残った六人でNASAに行き、観光旅行みたいな感じでロケットの写真なんか撮って、人生こんな経験できないなあと思っていました。それで結局受かってしまったので、ほんとうに信じられません。

宇宙開発は国際協力が前提

まあ、これからがたいへんですね。八月からのMSの基礎コースには日本人はひとりだけで、あとはアメリカから十何人、カナダとESA（欧州宇宙機関）からそれぞれ数名ずつ。宇宙開発というのは、各国が資金的、技術的、人的に協力して行なう巨大なプロジェクトです。もちろん失敗は許されませんが、このプロジェクトには国際協力の練習部隊という意味合いがあるのですね。ラボの国際交流やその後の体験で培ってきた国際感覚を生かして、精いっぱいがんばっていきたいと思います。

若田光一

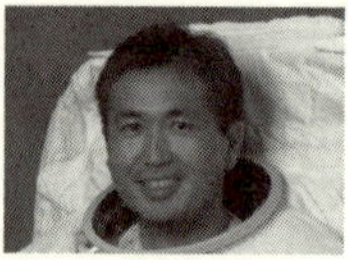

提供：NASA・JAXA

〔わかた・こういち〕……一九六三年、埼玉県生まれ。宇宙飛行士。工学博士。九州大学工学部航空工学科卒業。同大学大学院工学研究科応用力学専攻修士課程修了後、日本航空に入社。九一年、宇宙開発事業団（JAXA＝宇宙航空研究開発機構の前身）の第二期宇宙飛行士公募に対し応募。三二七人のなかから宇宙飛行士候補に選ばれた。元ラボ会員。九六年に日本人初のMS（ミッション・スペシャリスト）として、スペースシャトル・エンデバー号に搭乗。さらに、ISS（国際宇宙ステーション）建設のため、二〇〇〇年にスペースシャトル・ディスカバリー号で二度めの宇宙へ。ISS組立に、ロボットアーム操作の腕を発揮。二〇〇九年、日本人宇宙飛行士としては初のISS長期滞在ミッションに参加し、四か月半におよび宇宙に滞在。二〇一〇年三月、NASA（米国航空宇宙局）宇宙飛行士室ISS運用ブランチチーフに就任。宇宙飛行士の訓練、軌道上滞在支援、帰還時の業務管理に関する業務を担当。二〇一〇年四月よりJAXA宇宙飛行士グループ長。

「ことばのふしぎ」をもとめて

言語，物語，そして文化

池上嘉彦
言語学者
東京大学名誉教授
昭和女子大学教授

「ラボの世界」一九九六年七月

池上嘉彦

ことばはふしぎでおもしろい

――「ことば」を考える言語学の道にすすまれたのはなぜですか。

中学のころ英語を学びはじめたとき、「ことばっておもしろいな」と思いました。たとえば、日本語では兄と弟と分けて表現するのに、英語では brother の一語ですんでしまう。そういうふしぎでおもしろいことがほかにもたくさん感じられました。そのころから、ことばへの関心が強まってきたのだと思います。

大学の学部を選ぶとき、言語学科もありましたが、その当時は、言語学者というとまわりの人の知らないような言語をコツコツ研究している人というイメージでした。私の関心はもっと一般的なかたちでのことばの成り立ちや働きということでしたので、そういった関連での議論も多くなされている英語学の分野を選んだわけです。

大学では第二外国語としてはドイツ語を学んでいました。研究員として一年半ほどドイツに滞在する機会があって、その後の半年間、ドイツの大学で講義を担当したことがあります。日本の大学で勉強したドイツ語は読むことが中心でしたから、実際にしゃべるとなるととても緊張して、はじめは話す内容を全部書いてみてから、授業に臨みました。

いまは外国語というと英語が中心に思われがちですが、同じヨーロッパのことばであってもドイツ語と英語はかなり違います。中国語などのアジアのことばは、もっと違います。ことばに興味があるという方は、若いうちに英語だけでなくほかにひとつかふたつ、外国語を学ぶと、いっそうことばというものをおもしろく感じてくるでしょう。

子どもの感覚でことばに好奇心を

——私たちはことばというものをコミュニケイションの手段としてとらえてしまいがちですが…。

そうですね。おとなになってくると、どうしてもことばを伝達の道具としか考えないようになりますね。

子どもがことばを覚えるとき、お父さんやお母さんに「どうしてこんなふうにいうの?」など多くの質問を投げかけますよね。おとなは答えに困って、「そういうからそういうの」などと答えたりしますが、それでは満足してくれないですよね。子どもは、たとえば「猫」が「ネコ」といわれるには、なにか理由があるのではないかと思うんです。そういう感覚が、おとなになってくるとなくなってきて、ことばが実用的なものとしか映らないようになってしまうのです。子どもには、ことばそのものがふしぎで、とても興味深いものと映るのではないでしょうか。「ことば遊びうた」で戯れてみる、詩人と同じ感性が子どもにはあるのではないでしょうか。

英語は論理、日本語は倫理の観点

――たとえば日本では、その人がとる行動や言動などから、相手の人柄や考えていることなどが推測できますが、アメリカではことばで表現しないと理解してもらえないと感じることがあるのですが。

伝統的な日本の考え方として「ことば」と「心」を対比するという考え方があるのではないでしょうか。心さえ正しく保たれているならば、おのずからことばも正しく使われるという考え方です。他方、西洋の伝統では、「ことば」はそれが指す「もの」と対比されて考えられることが多いのではないでしょうか。そのようなところから、西洋ではことばは多く「論理」との関係が、日本では「倫理」との関係がそれぞれ強くなるように思えます。

また、話し手としてのふるまい方ということでいいますと、日本語は聞き手中心、つまり、すべてが言語表現として明示されなくても聞き手が補って理解しようと努力するのが当然とされているむきがあります。

逆に英語などではコミュニケイションの責任は話し手のほうにあって、伝えたいことは必要かつ十分に言語表現として明示しておくというのが通例でしょう。

物語にも文法がある

――自分のいいたいことを話すときに、ことばをたくさん知っていれば、表現がスムーズにできると思います。また、ラボはことばは心を映すものと考え、そのために、昔話や世界の名作物語をつかって英語に親しんでいますが、それらについてはどうお考えですか。

昔話については、グリムの童話などが日本に入ってくるまえから『シンデレラ』や『ブレーメンの音楽隊』などと同じ系統の話が日本にも存在していたという、とても興味深い例があります。登場人物が違っていても、話の筋はときに細部にわたってまでも、とても類似しているということがあります。ことばに文法があるように、お話の筋にはある種の文法があるといわれます。その文法にどういう具体的な人物やできごとを当てはめていくかによって、類似したストーリィができあがるというわけです。人間のいろいろな側面での文化的な営みは基本的なところでは似ているということなのでしょう。

池上嘉彦

体験的に身につけるような学習方法を

――最後に、これからますます多数のことばが行き交う国際社会に生きる一〇代の若者たちにむけて、先生からのメッセージをお願いします。

自分はこれに興味があるから、これをする、というより、なにかほかの人がなにをするかをひじょうに気にする傾向が強いように思います。たとえば、課題を与えられれば、それなりにやってみせるけれども、自分からテーマを見出して努めようという意欲が少ないような印象を受けます。これはとても残念なことです。好きなテーマをみつけて自分から積極的に取りくんでほしいものです。

そして、自分にとって興味があること、たいせつなことと思えることは、ほかの人にも興味あることであり、たいせつなこととわかるよう語ってみてほしいと思います。これは、国際的なコミュニケイションの場でも同じことです。

〔いけがみ・よしひこ〕……一九三四年、京都府生まれ。言語学者。東京大学名誉教授。昭和女子大学

教授。東京大学英文科卒、同大学院修了、エール大学大学院博士課程（Ph.D.）修了。インディア大学、ミュンヘン大学、ベルリン自由大学などで客員教授。フルブライト財団、ブリティッシュ・カウンシル、フンボルト財団などの客員研究員。財団法人ラボ国際交流センター元評議員。専門には言語学、英語学、記号学、意味論、詩学にも造詣が深い。言語における意味をめぐっての諸問題に関心をもつ。著書は『意味論―意味構造の分析と記述』、『「する」と「なる」の言語学』、『ことばの詩学』、『記号論への招待』、『ことばのふしぎ・ふしぎなことば』、『〈英文法〉を考える』、『自然と文化の記号論』、『日本語と日本語論』、『英語の感覚・日本語の感覚』など多数。

【インタビュアーの感想】

ことばについてあらためて考えることができました

◎――いまは昔に比べ、外国との交流が盛んになったので、私たちの世代がこの国際社会において、もっと多くの人たちに出会い、たくさんのことばを学び、人間の

池上嘉彦

internationalization に励むべきだと感じました。

（北條真美子＝高1）

◎――ことばについて、いままであまり考えたことはありませんでしたが、今回、先生とお話する機会を得て、あらためて日本語、言語というものの奥の深さに驚きました。この経験を生かし、ラボという世界でより多くの物語を楽しみ、多くの人と出会い、多くのことばを学び大きな自分に成長していきたいと思います。

（塩崎　悠＝高2）

◎――池上先生のお話のなかでもっとも印象に残ったのは、日本が「聞き手の文化である」という点でした。そして、日ごろ無意識で使っていることばに関する数かずのお話は、たいへん興味深く、ことばというものに対して、自分のなかで深い意味での視点をもてたような気がしました。

（船越　健＝大2）

◎――アメリカには何度も訪れていますが、ことばや異文化についての疑問はいつも抱いていました。否定をするにも、いつもへりくだって相手のことばに自分の意見を合わせようとする日本人。表面的な態度が American でも complete Americanize するのはむずかしいことです。

（北條貴美子＝大2）

◎――私はたくさんの国の人たちと話したいと思って、英語や中国語を勉強してきました。

でも、今日、先生のお話を聞き、「外国語を学ぶ」ということは、そのことばを使う人びとの考え方、さらにその背後にある文化や歴史をも知ることができる、すばらしいことであると実感することができました。

（若林真妃＝大3）

国際交流参加者の感想文

◇……アメリカという日本語の通じない世界で，私はいろんな表現でことばを表わした。だって「口」で通じないんだもん。すべてのことばは心から生まれます。そして，心に帰る。

（中２女子・92年テネシー州訪問）

◇……もしホストフレンドまたはホストファミリィとトラブルがあったとき，自分に悪いところがあるのではと思うことにした。それは自分をせめるのではなく，自分をふり返ってみることだと。

（高２男子・92年メイン州訪問）

楽観主義《オプティミズム》と開拓者精神《フロンティア・スピリット》

ディズニーランドを通してみるアメリカ

能登路雅子

文化人類学者
東京大学教養学部教授

「ラボの世界」一九九六年九月

能登路雅子

アメリカでみつけた研究テーマ
——アメリカ文化、そして文化人類学に興味をもたれたきっかけはなんだったのでしょうか。

一七歳のとき、アメリカのワシントン州のエドモンズという町に一年間高校留学しまして、それが私のアメリカ理解への入口になったわけですが、いま、ふり返ると、まだ自己形成ができあがっていなかったあの時期にアメリカに行ったことが、個人的にも専門的にもとても重要だったといえます。

とくに一年間という、ひとつの家庭の行事がひととおり行なわれる期間、海外で生活することは、他国のケースと比較する場合や、その国の行事を理解するうえでも、よいサイクルだと思います。みなさんもホームステイをされたときに感じられたと思いますが、「日本からきた人」ではなく、「マサコ」という個人としてホームステイ先の家族の一員になるためには、ある程度十分な期間が必要なのです。

その当時は「ホームステイ」ということばもなく、留学する人もとても少なかったのですが、留学したときは、あたかも自分が親善大使にでもなって、日本の代表としてアメリカに住んでいる緊張感もありました。

アメリカのなかでの少数民族の立場

留学中に、ときどき、ホームステイ先とは違う家庭で生活をするというプログラムがあって、いろいろな家庭にお世話になったのですが、ある日系アメリカ人の家庭にお世話になったときに、私はとてもショックな体験をしました。彼らの暮らしはけっして豊かであるとはいえず、アメリカ人になることをみずから選んだはずの彼らの生活のなかに、日本に対するノスタルジーを強く感じたのです。

そのときから、アメリカのなかでの少数民族の立場というものについていろいろ考えるようになりました。それが、帰国後に、日本でアメリカ研究をしてみようと思ったきっかけです。しかし、自分が体験したわずかなケースだけでは、アメリカ人はこうとはいえませんので、いままでの先行研究をじっくりみて、なるべく多角的にアメリカの全体像をとらえながら、私の興味分野である人類学の視点から、ほかの地域文化と比較していこうとしているわけです。

好きな歌、文通で楽しく英語を学んだ

能登路雅子

私が子どもの頃の日本では、マスコミを通して知る外国文化のなかでアメリカの存在は圧倒的でした。なかでも、「スーパーマン」や「名犬ラッシー」、「パパは何でも知っている」などのテレビ番組が人気を集めていましたが、私はお話のなかに生きいきと描かれる、自分の家族とはまるで違う理想的なあたたかい家庭や、大自然のなかでのほのぼのとした生活が、アメリカにはほんとうに存在するのだろうか、という疑問を抱いており、いつか自分の目で確認したいと思っていました。

英語に関しても、アメリカから輸入されたプレスリーなどの曲の歌詞を友だちと訳したり、洋画を字幕なしで理解しようとしたりしていました。ほかにも、文通相手をアメリカの新聞社に直接手紙をだして探してもらうなど、いま考えると無謀と思われるようなこともしました。そうしているうちに生きた英語が身についていった気がします。特別な勉強をした記憶もなく、英語自体がとても好きでしたので、遊びながら学んだともいえるでしょう。毎日の学校生活だけではもの足りず、日本にいながら、その頃から関心はアメリカに向いていたといえます。

アメリカ文化とディズニーランド

――先生は著書の『ディズニーランドという聖地』（岩波新書）のなかで、このテーマ・パークがアメリカを知るうえで重要だとおっしゃられています。その理由を中心に、先生のアメリカ文化に対する考えをお聞かせください。

ディズニーランドとの出会いは、私がカリフォルニア大学の大学院に通っていた頃ですから、いまから一六年ほどまえのことです。知人を通じてウォルト・ディズニー・プロダクションズの嘱託の仕事を受けたのがはじまりでした。その頃は、東京ディズニーランドが開園する三年ほど前でしたので、ディズニーランド独特の運営方法を学ぶために、たくさんの日本人関係者たちが本家であるロサンゼルスのディズニーランドに研修に来ていました。その人たちに、アメリカ人との仕事や社交上での注意点、現地の生活事情などについてのオリエンテイションを行なうのが私の仕事でした。

そうしてディズニーランドのなかで仕事をし、そこで働いている人びとと接触することにより、ディズニーランドの表面には表われない部分も知ることができ、その成り立ちや人気の秘密にも強い関心をもつようになりました。また一民間企業の人工的なテーマ・パークに、なぜアメリカ人がこんなに集まってくるのかという理由も知りたいと思いました。

アメリカ人の夢とあこがれが具体的に表現される場所

能登路雅子

そうして研究していくと、アメリカ人のすべてがディズニーランドが大好きというわけではないということにも気づきます。事実、ディズニーランドを訪れるアメリカ人の反応は大きくふたつに分かれます。ひとつは自分の理想郷と感動する人、もう一方は「子どもだまし」と眉をひそめる人です。しかし、「好きでもきらいでもない」という人は少なく、アメリカの人びとはいずれにせよディズニーランドに対して高い問題意識をもっています。それは、この場所がじつは「アメリカとはどんな国か」「アメリカ人とはなにか」という大きな問題に深い関わりをもっているからにほかなりません。

本でも書いていますが、ディズニーランドとはもっともアメリカらしい場所であり、これほどアメリカの人びとの伝統的な価値観や夢、そしてあこがれが一か所に集められ、表わされている場所はほかにはありません。たとえば、「ファンタジーランド」には、みにくいおとなに勝つ子どもがヒーローであるという、アメリカの楽観主義的な考え方が強く投影されていますし、また「フロンティアランド」では、歴史的経験としてアメリカ人がもっている、前進すればすべて自分のものになるというフロンティア精神が表現されています。ディズニーランドはアメリカ人がどのようなものに感動し、なにを快く思わないかということを知るにはたいへんすぐれた教材になります。このテーマ・パークを観察すればするほど、全体を通して、またアトラクションの細部に「アメリカ」を発見することが可能です。

そのようなアメリカ精神を投影させたディズニーランドが日本にできるというニュースを聞いたとき、私はその姿を想像することができませんでした。しかし、その頃日本の商社で働く知人から「東京ディズニーランドの仕事を手伝ってもらえないか」といわれ、好奇心でいっぱいになっていた私は喜んでその仕事を受けました。

みんなのものになりつつあるアメリカ

そんな最初の心配をよそに、東京ディズニーランドは日本人にスムーズに受け入れられ、その後も人気は衰えを知りません。このように、アメリカがつくった世界を、ほかの国がすんなりと受け入れることができるということは、外国におけるアメリカ文化の国籍性が薄くなってきているのだといえます。現在、アメリカ文化、たとえばディズニーランドやハリウッド映画はみんなのものという意識を他国の人に抱かせるほどに、アメリカ文化は多くの国に浸透しています。ディズニーランドもそうした時代の流れに合わせながら、文化の境をこえて、より普遍的なものになろうとしています。

だからこそ、本来のディズニーランドがもつ「アメリカ的」なものの姿をしっかりととらえることがたいせつで、それと同時に、この「アメリカの色」を濃くもった遊園地が世界に広がっているという現象についても考えていく必要があるでしょう。私にとってディズニーランドは、遊びやレジャーの空間というよりも、このふしぎな場所がアメリカと、そして世界とどうつながっているかという点で、なかなか興味がつきない対象なのです。

能登路雅子

違いのなかから新しい理解が生まれる

――ディズニーランドを通してアメリカの文化、そして日本をみてこられた先生から、これからますます相互理解が必要とされる国際社会に生きる若者たちにメッセージをお願いします。

日本の国際的地位は向上し、私が留学したときにくらべ、外国に行っても比較的対等な関係が築きやすくなってきていますが、そのぶん責任もでてきます。その場合、やはり日本という国をどれだけ理解しているかが問題であり、さらに自由で主体的な視点をもてるか、ということがとても重要になってきます。ディズニーランドにかぎらず、外国の文化に対して、みなさんなりのしっかりとした見方と自己表現がもとめられるでしょう。

また、みなさんは、若いうちに外国へ行って、さまざまな経験や日常生活のなかからもいろいろな「違い」を感じると思いますが、それをなるべく早く解消しようとは思わずに、違いにはきちんとした歴史的な理由があるわけですから、それをまず理解してほしいと思います。そして、意見が行き違ったり対立したとしても、それをとことん話しあったり議論をする結果、お互いに感動するような理解が生まれてくることを学んでほしいと思います。

〈のとじ・まさこ〉……一九四九年、青森県生まれ。文化人類学者。東京大学教養学部教授。財団法人ラボ国際交流センター理事。東京大学教養学部教養学科アメリカ学専攻卒。カリフォルニア大学ロサンゼルス校大学院人間文化研究科文化人類学専攻博士課程修了。研究テーマは「アメリカ文化における主要象徴と統合過程」、「アジア系アメリカ人の文化変容」、「日米文化交流史」。一九八〇～一九八三年、ウォルト・ディズニー・プロダクションズおよびオリエンタルランド社の嘱託として、東京ディズニーランド・プロジェクトに参加。著書は『ディズニーランドという聖地』など多数。

能登路雅子

【インタビュアー感想】

人生のなかの「ガソリン」になりました

◎――いままで何気なく行っていたディズニーランドに、たくさんの意味があったことを、先生の本やお話を聞くことにより、わかったと思います。たくさんの文化や歴史、人びとの夢があるディズニーランドをひとくちに理解しようとしてもとうてい無理ですが、そのテーマを深いところまで追究していけばいくほど、ディズニーの魅力にはまっていくのだろうと思いました。

（花上妙絵＝高3）

◎――「ディズニー」というものひとつから、映画、テーマ・パーク、キャラクター・グッズ、音楽など、多くのジャンルのものが生まれていることを、あらためて理解しました。そして、それらを、時代の流れとともに共存していくぼくらの世代が、考えていかなければならないと思いました。先生のお話をうかがえたことは、ぼくの人生のなかでの「ガソリン」になりました。

（松本卓也＝大1）

◎——今回の先生のお話は、ディズニーランドのことが大部分を占めていた。だが、ぼくにはディズニーランドについての予備知識がほとんどなく、ディズニーランドぎらいということもあって、多少つらい話題であった。それゆえに、先生のお話を興味深く聞くことができ、自分のなかにいろいろな視点をもつことができたと思う。ありがとうございました。

（恩田　努＝大1）

◎——いままでディズニーランドがどんな存在なのか、考えたこともありませんでした。「ディズニーランドに行けば、アメリカがわかる」という先生のお話から、ディズニーランドがアメリカの文化と深く関わっている所だということがわかりました。「アメリカ文化を知るためにディズニーランドに行く」というのは、おもしろいと思いました。

（花上千絵＝大2）

国際交流参加者の感想文

◇……アメリカの子どもたちは，つるかめ算よりも素因数分解よりも，もっとたいせつなことを知っていた。家の手伝いだ。ぼくがホームステイ中に会った友だちはみんな，ひとりでなんでもできる。驚いた。
（中２男子・94 年ルイジアナ州訪問）

◇……考えさせられたことは，ゆとりをたいせつにしていること，人間関係をだいじにし見知らぬ人も明るく声をかけてくれる。家族を中心に親戚，友人と強い絆ができているのがすばらしい。
（中２女子・98 年プリンス・エドワード・アイランド訪問）

戦争のない世紀への里《り》程《てい》標《ひょう》

グローバル世界を自分らしく生きる

入江 昭

歴史学者
ハーバード大学教授

「ラボの世界」二〇〇二年三月

入江　昭

強い意志が道を拓く

――先生がアメリカで生活をはじめられた頃のこと、歴史家を志された頃のお話をお聞かせください。

ぼくが最初にアメリカに行ったのは半世紀前、一九五三年のことです。日本で高校を出て、貨物船で二週間かけて太平洋を渡り、ペンシルバニア州の大学に行きました。ルームメイトがアイオワ州出身だったので、夏はそこに行って農場生活をしました。毎朝五時に起こされて、六時くらいまで牛の乳搾りをするという生活。六時くらいになって引きあげてきて、七時までお父さんにあたる人と聖書を読むのです。もうお腹がすいてしょうがないんですけれど、聖書を一時間くらい読まなくては朝ご飯にありつけないわけです。いま思うといい経験でした。朝ご飯が終わるとすぐ畑にでかけて農作業です。きつかったけれど、家族単位、家族の一員としてつきあってもらえたものです。夏には毎年アイオワへ行って同じようなホームステイの体験をしていました。

ぼくは日本にいた頃から歴史が好きで、高校時代から歴史の本を読んでいました。そしてアメリカに行ってますます歴史を勉強したいという気持ちになりました。ぼくが恵まれていたのは、最初にいた大学でいい歴史の先生に出会えたことです。その頃ぼくは、英語にまるで自信がなく、そんなぼくでもヨーロッパ史を研究することができるのでしょうか、と尋ねたところ、教授の答えは無条件のイエス。重要なことは、意志をもつこと、研究を志す決意だ、あなたがアメリカ人であろうと日本人であろうと、研究を志す決意さえあれば、関係のないことだ、と。若いうちから、将来、歴史を勉強したいとか、経済学者になりたいとか、政府の役人になりたいとか、なんでもいい、なにか自分なりの目標をもって、そこでがんばるということがだいじなことだと思います。

外側に立つとよく見える

——ときどき日本に帰ってこられ、日本の社会や日本の若者たちをご覧になり、どうお感じになりますか。

日本には、自分の考えを自分もことばで伝えることのできない人が多いような気がします。とくに若い人たちに。自分のことを自分なりに考え、それを自分なりのことばで表わすことは、国際交流の場では出発点です。ホームステイでも国際会議でも、なにもしゃべらなければ先にすすまない。だから、中国行ってもアメリカ行っても、どの国へ行っても、まずそれがだいじなことです。日本語でも英語でもいい。自分の考えをもち、それを表現すること、ほかの人がいったことをそのまま鵜呑みにしてくり返すのはだめです。
いまの日本は閉塞状態にあります。みんなが自信を失っていて、「失われた一〇年」などといわれます。そのまえまでは "Japan as No. 1" などといわれたときもありました。バブルがはじけたあと、経済も政治もダメで、むこうまでの見通しができないと。でも、それは日本だけのことではない。ここでおたおたすることなく、世界にあって日本がどのような役割を負うのか、世界経済のなかで日本がどういう立場をとっていくのかという視点でみていくといいと思います。日本という狭いところでわいわい騒いでいてもしょうがない。外国に出て、外から世界を眺める、日本を眺めることがたいせつなことだと思います。

——相互ホームステイを軸として積み上げてきた子どもたちによるラボの国際交流をどのようにご覧になりますか。

ホームステイといってもさまざまだろうと思います。ホストファミリィのすべてが農家とは限りませんし、都会であったり郊外の裕福な中流階級の家庭にステイすることもあります。どんな家庭でも、自分が自分なりに、そこからなにか得ようという姿勢でいる限り学ぶことはいくらでもあります。
それと、いまのように世界がグローバル化され、国と国との垣根が低くなってくると、これからの世界は「国」と同時に、トランスナショナルといわれるような、国と国との間を結びつける問題、人権問題などの国境を越える問題がでてきます。そういう時代にあっては、だれにとっても、国を出ていくことは、ただ日本人として外国人とつきあうというだけでなく、現代のグローバル化しつつある世界を知るということで、ほかの国と共通にもっている問題を他の人たちと話しあうのが国際交流だと思います。

重要さ増す草の根交流

――先生は二〇〇〇年の末、NHKの人間講座「戦争のない世紀のために」の講師をされました。二〇世紀は戦争の世紀だったといわれます。先生がお考えになる世界平和とはどういうものでしょうか。

国と国との間に戦争がない状態という意味での狭義の平和、それだけではダメです。ほんとうの平和は世界じゅうの人たちがお互いを理解しあいながら、お互いの利害関係を自分たちのものとして守っていこうというものです。地球に住む六〇億すべての人が貧困から脱却し、最低限の生活が保障されて、環境問題も人権問題も克服し、自由を保障された状態になってはじめてほんとうの平和といえると思います。しかし、それはたいへん困難なことです。

入江　昭

平和を、国と国との間に戦争がない状態とする国家中心的な見方と、一方、全人類的な平和という見方があると思います。国際交流の場合は全人類的な見方にたっていますね。だれかがアメリカに一か月滞在したからといって日米関係がよくなる、悪くなるということはありません。そこはむしろ、国と国との関係ということとは別の、人間として接触し互いに理解しあうというもの。そういうことがほんとうの意味での平和につながると信じます。

二〇〇一年九月一一日におきたアメリカの同時多発テロのような事件があると、国際交流への参加をためらう人もでてくるかも知れません。しかし、ホームステイによる国際交流は逆にますますだいじになってくると思います。極端にいえば国際交流がなかったからああいう事件になったともいえます。国際交流はかならずしもポジティヴなことばかりではありません。留学生がこなければああいう事件も起きなかった、だから留学生をシャットアウトしようという意見の人もいます。でも、各国が鎖国状態になって国と国との間の交渉がなくなるとは考えられないし、グローバル化はますますすすむことでしょう。だから、国際交流をできるだけ建設的な方向へむけていくこと。そのためには、とにかくいろんな人と話をして、お互いにシェアできるものを少しでも多くみつけていく努力をすることですね。

あの空前の悲惨事があって以来、飛行機や飛行場での検査がきびしくなり、アメリカはいまたいへん安全になっています。それに、アメリカ国民がお互いに協力・協同しながらテロから自分たちの国との生活を守ろうとの意識が強いから、安心して住める国になっています。

こういった時代だからこそ、草の根の国際交流が必要なのです。

自分らしく人間らしく

——最後になりますが、国際交流の大先輩として一〇代の子どもたちに贈るメッセージをお願いします。

とにかく"Be yourself."ということと、さらにひとつ加えて"Be global."ということばを贈りたい。グローバルな世界にあって自分自身でありなさいと。世界はひとつになっていけばいくほど、それだけに個人個人がだいじになってくる。いわゆる集団に埋没してしまうことなしに自我というものをだいじにもち、自分の考えをほかの人にどんどん伝えてほしい。恥ずかしいとか決まりが悪いとか、こんなことといったら笑われるんじゃないかとか、そういうことを若者は心配しないでいい。とにかく自分の考え、自分なりの生活態度、姿勢をもってほしい。同時に、世界にはほかに六〇億の人たちがいて、それぞれの人たちもやはりだいじな人間なのです。そういったことを意識したグローバルな視点ももってほしいと思います。

入江　昭

〔いりえ・あきら〕……一九三四年、東京都生まれ。歴史学者。ハーバード大学歴史学部教授。専門はアメリカ外交史、日米関係史。財団法人ラボ国際交流センター評議員。五三年にアメリカに留学、六一年ハーバード大学大学院卒。シカゴ大学教授などを経て八八年よりハーバード大教授に。八八年日本人ではじめてアメリカ歴史学会（ＡＨＡ）会長に就任。著書に『日本外交』、『日米戦争』、『二十世紀の戦争と平和』、『平和的発展主義と日本』、（吉野作造賞）など多数。九六年のラボと４Ｈクラブによる国際教育フォーラムで基調講演を担当。二〇〇五年瑞宝重光章受賞。

【インタビュアー感想】

黙っていては平和と自由の訪れはない

◎――私は一年間カナダに留学していたので、日本人からみたアメリカ人的な考え方やカナダ人的な考え方とを比較してみることができるように思います。共通するのは、アメリカ人もカナダ人も自分で自分を表現すること、自分の考えをしっかりと相手に伝えることができるということです。自分の思うことをその場で伝えるのはたいせつなことで、自己表現できないと相手とのコミュニケイションもうまくできません。異文化交流においてもほかの国の人たちとの共通部分をみつけ、互いの違いを理解しあい認めあうことがたいせつ。私もこれから、自分の見方をしっかりもって、ほかの国の文化や考え方にふれていきたいと思います。

（中村ひかり＝高3）

◎――〝Be yourself.（自分であれ）〟。先生のことばでいちばん強い印象を受けたのがこのことばだった。このことは、あたりまえなようだが、どんなところでも自分を貫き通すということはむずかしい。ましてや異文化のなかでは。しかし、その一歩をふみだせば、自然と道は開いていくし、世界観も変わり人間としての器が大きくなると思う。そして、それが国際交流のスタートラインだと思う。ぼくは国際交流を経験したなかでそのスタートラインから一歩をふみだしたところにいる自信がある。現在もぼくは自分探しをしている最中。先生の話はそれをうながしてくれるように感じた。

（丸尾　翼＝高3）

◎――とくに印象に残ったのは、世界平和とはどんな状態のことかについてのお話だった。戦争や紛争は早くなくなってほしいと私は思っている。でも先生は、戦争や紛争がなくなれば、それで平和とはいえないという。互いを理解しあい、地球上すべての人が最低限の生活、福祉、自由をもち、人間としての意識をもつことが平和なのだとおっしゃる。助けることができるのに、それをしないでいるのは平和ではないと。そのことばは、私がいままで聞いた「平和」についての考え方でいちばん納得できる答えだった。世界から戦争を根絶することは容易なことではないかもしれない。でも、私も、たえず平和への意識をもち、まず身近なところから少しずつ世界への理解を広げたいと思った。

（金子真弓＝高3）

◎――私は事前に読んだ先生の著作で「平和とは世界がひとつになることだ」と世界のグローバル化をもとめる先生の考え方に出会いました。しかし、世界のグローバル化が一層すすんでいくことで、それぞれの国のもつ独自の文化が次第にアメリカ大衆文化などの単一な文化に塗り替えられてしまうのではないかという疑問を抱きました。私のその疑問に対し先生は、グローバル化時代だからこそ各国の伝統文化がより開かれたものになり、他国に理解してもらえるよい機会なのだとおっしゃいました。グローバル化がすすんでも伝統文化が消えてしまうことはなく、現にアメリカ大衆文化がどんどん流入している現代の日本でも、日本の伝統文化や日本人特有の美意識・宗教観などの根本的な日本人としての部分は逆に際立つのだということを知り、うれしく感じました。

（岩坂悠子＝大1）

◎――インタビューに備え「戦争と平和の二〇世紀」というNHKの冊子を読み、先生にお会いするに先だち、質問することを考えた。ぼくが尋ねてみたかったのは「先生自身の考える世界平和とはどのようなものなのか、個人的ご意見を」というもの。その質問に対して「国と国とのあいだに戦争がないだけが世界平和とはいえない。貧困から世界じゅうの人が解放され、生きていく必要最低限の生活を保障される状態、それが世界平和への第一歩だ」と。このお答えを聞いて、忘れていることだなあと感動した。もうひとつ心に残ったことばを書く。「アフリカでは一日に七〇〇〇人の人がエイズで死んでいるといわれています。二〇〇一年九月一一日、テロで死んだ人数が約三〇〇〇人、アメリカはその仕返しに何百億ドルというお金を使い空爆をしています。その一〇〇分の一の金額でもアフリカに援助すればこんなに多くの人が死なずにすむはず。このような状態の世界はけっして平和とはいえないでしょう」。

（二葉一嘉＝大2）

◎――先生は、自分の考えをしっかりもち、それを自分のことばで表現することのたいせつさを教えてくださった。"Be yourself."とも励まされ、自分は自分らしく目標をもってがんばっていこうと、自信をもつことができた。また、平和についてのお話をうかがい、いままで身近な問題として考えたことがなかった「平和とはなにか」ということをあらためて考えさせられた。これからは、さまざまな問題に対する自分自身の考えをしっかりもち、国境を越えて多くの人たちとも話しあえるように努めたいと感じた。

（岩坂布美子＝大3）

国際交流参加者の感想文

◇……ことばが通じないとき，思いが届かないとき，身体の自由がきかなくなったとき私にできることは，話せないなりに努力すること，好意をもって相手の話を聞くことだと思った。

（大 2 女子・02 年ニュージーランド交流参加）

◇……知っている英語と韓国語を使い，ジェスチャーもまぜて，なにを食べたいかを聞いた。「伝わって！」という気持ちをこめていう。そうしたら「ラーミョン」。わかった！　ラーメンだ。

（小 6 男子・03 年韓国交流受入れ）

芸の道も、人の道

桂　歌丸

落語家

「ラボの世界」二〇〇四年一一月

桂　歌丸

ようやく中3で弟子入り

――落語家になる決心をされたのはいつですか。

子どもの頃から人を笑わせるのが大好きで、小学校の学芸会ではかならず三枚目の役でした。人を怒らせたり泣かせたりするのは簡単ですが、笑わせるのはむずかしいものです。でも私は人に笑ってもらうのが大好きでしたから、そのむずかしいことに挑戦しようと思い、落語家になろうと決めました。小学校四年生のときです。寄席（よせ）に通ったことは一度もありませんでした。ラジオで週に二回、寄席の番組があって、それで落語を覚えました。終戦後の笑いのない時代だったし、それはそれは楽しみにしていて、ラジオにかじりついて聴いていましたね。当時は一度聴けば覚えられましたよ。

すぐにでも弟子入りしたかったのですが、いっしょに暮らしていた祖母に、みっともないから中学だけは出てくれと懇願されまして。しかたなく中学校に進学しました。三年生のときにようやく弟子入りし、休みの日になると師匠のもとへ稽古に通いました。

当時は戦争で学校の講堂が焼けてしまっていたので、体育の時間に雨が降ると、自習になったんです。でも、教科書がないからすることがない。そうするといつもクラスのみんなの前で落語をやらされました。そのうち体育が自習になったよそのクラスからも声がかかるようになったりしてね。おかげで体育の成績がいちばんよかったですよ。

まず、礼儀作法から

——修業時代の思い出をお聞かせください。

東京の落語には前座、二ツ目、真打（しんうち）の三つの階級があります。前座のおもな仕事はお茶をだしたり、師匠の着物をたたんだりと、いわゆる楽屋の雑用です。落語家の修行の第一歩は、人間をこしらえること。あいさつができなかったり、「ありがとう」や「ごめんなさい」がいえなかったりしたら弟子をやめさせます。こういうことのできない人間が世の中に出たところで、成功しませんから。

前座時代は確かにつらかったけど、人間は苦しさを耐えてはじめて世の中に出ていけると祖母にきびしくいわれて育ったことが大きな助けになりました。祖母のしつけのおかげで、礼儀作法について師匠に叱られたことは一度もありませんでした。

修行も人生の一環と思えばなんでもありません。つらかったら歯をくいしばってがんばればいい。この世の中、一所懸命修行した人間が成長していきます。落語家になったおかげで、自分の人間をこしらえる修行ができて、ほんとうによかったと思います。

桂　歌丸

笑いで、みなさんに活力を

――寄席の演目はどういうふうに決めるのですか。また、お客さんに望むことはなんですか。

ひとくちに落語といっても、笑わせる噺（はなし）もあれば、泣かせる噺もあります。もともと滑稽噺は上方に多く、江戸は人情噺が多かったんです。落語の歴史は約四〇〇年ですが、笑いの多い噺のうちの九〇パーセントは、上方から江戸にもってきたものです。

寄席では、いつもその日のお客さんを見てからネタを決めます。マクラ（注一）をふっているあいだにお客さんの反応を見て、この噺はむかないぞと思ったら、違う噺にもっていくこともあります。ネタを決めても自分より出番の早い人がそれを話したらこちらが変えなきゃいけません。だからトリをつとめる人間はネタをたくさんもってなきゃいけない。寄席ではやはり、お客さんを笑わせる噺を選ぶことが多いです。おおいに笑っていただいて、落語がみなさんの活力になってくれれば幸せですね。

笑う特権をもっているのは人間だけです。でも最初にいったとおり、人を笑わせることはむずかしいんです。寄席でもいつもはうける噺がうけないときや、なにを話しても笑わないお客さんがいらっしゃるときもあります。人の性格がそれぞれ違うように、笑いに対する受けとめ方もさまざまなのでしょう。

笑いに国境はない

——外国人の観客が増えているそうですが、落語の笑いは外国の人にも伝わるのでしょうか。

去年、文化庁の依頼で、トロントとニューヨークに公演に行きました。いままでの海外公演は、もっぱら海外に在住の日本人を対象にしていましたが、今回は外国の方が対象でした。字幕つきで話しましたが、みなさんにたいへん好評だったようです。もっとも、サゲ（注二）をいう前に字幕にでてしまうので、こちらは困ったんですが。まあ、それもふくめていい勉強になりました。

トロントの公演終了後、ひとり語りをしている芸人の方が楽屋に訪ねていらして、いちばん感心したのは扇子と手ぬぐいの使い方だといいました。扇子を刀にみたてれば本物の刀に見えるし、手ぬぐいを帳面にみたてれば本物の帳面に見える、とね。落語の小道具は扇子と手ぬぐいだけですが、煙管（きせる）や徳利（とっくり）、財布など、使い方しだいでさまざまなものを表わせます。

それから、お客さんの頭のなかに噺の内容をきちんとイメージしてもらうために、なにより重要なのは間（ま）です。落語の世界では、人に話すことは教えられても、間のこしらえ方は教えられないとよくいわれます。落語家は早く自分の間をこしらえた人が勝ち。落語を教わったら、それを自分の間になおしていくと、同じ噺でも違ったものになります。だから、教えてくれた人より教わった人の噺のほうがおもしろいといわれることがなによりの恩返しだよって、弟子たちにもいっています。

楽になるために、いま、苦しむ

——独演会ではどんな噺をされるのですか。

埋もれてしまった古典落語を現代的に筋を変えて話しています。古典落語は差別用語があったり宗教の問題があったりでそのまま話すのは無理ですが、筋やサゲのおもしろいものがあります。そういう噺は問題の部分をカットして現代に合うように作りなおす。そうすれば埋もれた宝が生きるわけです。圓朝（注三）ものをすることもあるけれど、お客さんにうけるかどうかわからないし、覚えて手直ししてゆく作業もたいへんだから、とても苦しい。でも、人間、楽をしようと思ったら苦しまないとだめです。苦しまないで楽をしようなんて、けっしてできるもんじゃありません。

じゃ、いつ楽をするんですかと聞かれれば、目をつぶったときだねと答えます。目をつぶってからは苦しみたくないですから。落語家は人に笑っていただくのが商売。生きているうちはしゃかりきになってその責任を果たさなくてはなりません。

一九九六年から、圓朝ものの独演会をはじめました。毎年楽しみにきてくださるお客さんも増え、おかげさまで一〇日間大入りをだしました。落語と落語のお客さんを後世に残すという責任もありますし、これからもがんばりたいと思っています。

――落語芸術協会の会長として、これからの落語の発展について考えていることはありますか。

まずいまの若い落語家たちにどんどん勉強してもらって、落語のお客さんを後世に残してほしい。人間と同様、落語にも年齢があります。わたしは基本的に前座、二ツ目、真打のする噺は分けるべきだと思います。それから、四〇分くらいの長い噺を一五分くらいにカットして話す落語家がいるけど、それはやめてほしい。落語のむだ使いですから。こういうことを若い人たちに伝えていきたいですね。

ことばの乱れは文化の乱れ

――一〇代の若者にメッセージをお願いします。

桂　歌丸

一〇代だけでなくすべての日本の若者たちにいいたいのは、正しい日本語を覚えて、正しい日本語を使ってほしいということです。いまの日本語は乱れがひどい。私たちには雑音にしか聞こえません。ことばはその国の文化です。「ことばの乱れはその国を滅ぼすもとである」という格言がありますが、自国の文化を正しく伝えなければ、その国は滅びて当然でしょう。外国語を習うのもいいけれどまずは自分の国のことばをたいせつにしてください。それから大きい口を開けて大きい声で、腹から話すこと。話し方のいちばんの基本です。落語家はみんな声が大きく、はっきり話します。「笑点」で小声の人はひとりもいないでしょう？

こういったことを教えるのは本来、親の役目です。いまの親たちは学校の先生に頼りがちですが、まずは家庭教育をきっちりやってもらいたい。いまは昔と違うから、という人もいますが、時代が違ったって真実は変わりませんよ。いまのように便利な世の中になると、逆に人間の心はそまつになりやすい。そういう時代だからこそ、親のみなさんにもっとしっかりしてもらいたいですね。

わたしの話はみんなには少しきびしかったかもしれませんが、みんながいつか世の中に出たときに、今日、話したことをひとつでも思い出してくれたら、とてもうれしいですね。

（注一）マクラ＝落語の導入部。世間話や小噺が多い。落語の世界では「マクラを話す」ではなく「マクラをふる」という。
（注二）サゲ＝落語の結末部。オチともいう。
（注三）圓朝＝えんちょう。幕末から明治にかけて活躍した落語家、三遊亭圓朝のこと。創作の噺を得意とし、独自の世界を築いた。代表作に「四谷怪談」「真景累ヶ淵」など。

〔かつら・うたまる〕……一九三六年、神奈川県生まれ。落語家。落語芸術協会会長。五一年に五代目古今亭今輔に入門し古今亭今児を名乗る。六四年、桂歌丸と改名。六六年、日本テレビの長寿番組「笑点」が放送開始、大喜利レギュラーとなる。六八年、真打昇進。二〇〇四年、落語芸術協会第五代会長に就任。〇六年、「笑点」五代目司会者となった。おもな受賞歴に、文化庁芸術祭賞（八八年）、浅草演芸大賞（〇四年）、芸術選奨文部科学大臣賞（〇五年）、旭日小綬章（〇七年）など。

桂　歌丸

【インタビュアー感想】

笑顔のむこうのきびしさ

◎――歌丸さんはテレビにでている有名な人だけれど、お話を聞いてみるとぼくのおじいちゃんのようでとても身近に感じました。ぼくの質問にもていねいにきちんと答えてくれてうれしかったです。ぼくと同じ小学四年生のときに落語家になろうと決心したそうです。何十年とひとつのことをつらぬいていて立派だなあと思いました。

（山下浩平＝小4）

◎――歌丸さんは気さくなおもしろい人でした。でも、とてもきびしいところもある人だなあと思いました。落語家の修行は、話をする勉強ばかりするのかと思っていましたが、師匠にお茶をだしたり、着物をたたんだりすることから始まると聞いて、びっくりしました。今度ラボ・パーティのみんなと落語を聴きに行きたいと思いました。

（山下拓也＝小5）

◎――私が「歌丸さんにとって、笑い、笑わせることとはなんですか？」という質問をしたとき歌丸さんがおっしゃった「人を怒らせる、泣かせることは簡単だけど、人を笑わせることはむずかしい」ということばが残っています。私は、落語を聴くと笑ってしまいますが、その笑いも、落語家が苦労してできた笑いなんだと思いました。

（阿部紗弓＝小5）

◎——これからの落語の発展について考えていらっしゃることを聞くと「会長の自分は、あまり口出しをしないで、みんなの意見を聞く」と答えてくれました。私は、会長が仕切るものだと思っていたので、意外でした。会おうと思ってもなかなか会えない人なので、歌丸さんの一言ひとことを注意して聞きました。とても興味深かったです。声をだすのは、口ではなく、腹からだそうです。

（椎根かずみ＝中2）

◎——歌丸さんのお話でとくに印象に残ったことは、子どもの頃、体育の授業が雨になると、その時間に落語をクラスの友だちに披露していたことや、落語の修行のことです。落語は見ている人を笑わせてくれて、とてもおもしろいものだと思いますが、その裏ではとてもきびしい世界があることを知りました。私は、歌丸さんの話を聞いてひとつ勉強になった気がします。

（神谷香未＝中3）

◎——歌丸さんは、小学四年生のときに落語家になると決めて、中学三年生のときにはもう落語家だったという話を聞いて、とても驚きました。小学生のときから、自分がこれをやりたいというものが決まっていて、ほんとうにその夢を実現していることがすばらしい

桂　歌丸

と思いました。歌丸さんは、ほんとうに落語が好きなんだと感じました。
歌丸さんのお話のなかに、「きちんとした日本語を使いなさい」ということ、「頭で考えたことを、一度おなかに落として、おなかから話しなさい」ということがありました。これを聞いたとき自分にはできていないと思い、ドキッとしました。

（高橋亜由美＝高2）

自分の器を広げる挑戦

佐々木　毅
政治学者
元東京大学総長
学習院大学法学部教授

「ラボの世界」二〇〇六年一〇月

佐々木　毅

未来はわからないからこそ

――佐々木会長はどのような一〇代を過ごされましたか。

私は秋田県で生まれ、奥羽山脈のふもとで育ちました。戦争の直後でしたから、自分で食料を採らないと栄養がとれません。ドジョウやフナを捕まえるとそれがその日の夕食になったりもしました。

中学で英語が始まりましたが、農村ということもあって全員が受ける必要はありません。英語の授業を受けるか職業家庭科をとるかという選択制がふつうでしたが、母校は職業重点校なので英語はあまり熱心ではなく、のんびりとしたものでした。農家の人びとは日の入りとともに眠り、日の出とともに起きる生活が基本です。私も朝六時には起きたのですが、学校は八時半に始まります。始業までひとしきり遊び、授業が始まる頃にはお休みの時間。だれも「勉強しろ」などとはいいませんでした。

――政治学者をめざそうと思われた動機をお聞かせください。

一九六一年に大学に入り、そこで学ぶうちに政治学の勉強を続けたいと思うようになりました。政治がもっとどうにかならないものかと思ったのがきっかけでした。冷戦の固い枠もあり、重苦しい時代でした。

この頃私のいなかでは高度経済成長期で高校へ進学するのは全体の一五～一六％くらい。みな中学を卒業すると都会に出て就職しました。大学でもみんなすぐに就職し、気づいたらだれも残っていませんでした。でもみんなが行くところに行かなかったことが、結果的に自分にとってよかったと思っています。

人生の先がどうなるかなどということはわかりません。ある時点で花形の職業が、未来もそうだとは限りません。この仕事はどうかな？　と思ったところが意外と自分に合っていたりします。しかし、わからないからこそ人生はおもしろいのではないでしょうか。一八歳やそこらで人生がすべてわかったらつまらないでしょう。

人生一瞬の輝き

――いま、会長がいちばん力を入れていらっしゃるお仕事はなんですか。

所属している大学の講義以外の仕事としては、過去一五～六年くらいにわたって日本の政治を変える運動を続けてきました。日本の政治をまともにしようとマニフェスト（政党が選

佐々木　毅

挙前にだす公約）の導入を提案しました。政治に金がかかりすぎるということや不明朗なお金のやりとりがあったりしたので、資金の流れをもっと透明にしようという運動もしてきました。生活のための仕事だけでなく、なにか人のために役立つかもしれない仕事をもつということは、人生において有意義なことではないかと思うのです。食べるために仕事をするのもたいせつですが、それだけだと定年を迎えた後はさびしい。世の中とたくさん接点をもって、つねに自分が生きていく可能性を広げていく努力をするということがだいじだと思っています。そのためか、たくさんの人びとと知り合いになりました。政治家だけでなく、経済人、労働界の人、弁護士、マスコミ関係者…。いっしょにいろいろな活動をした友人をもつことは、人生にとっていいことではないでしょうか。なんでもいいからチャレンジし続けることがだいじです。頭脳も新しくなるし生活態度も変わります。

数か月でいいから損得勘定抜きでみんなのために働き、それが人の記憶に残っていく。それを「人生一瞬の輝き」と私はよんでいますが、そういう人生がすばらしいのではと思っています。たくさんの友人のなかでそんな人が何人かいます。金権政治を追及するために寒い夜の集会に参加した八〇歳の元最高裁長官もいました。人が輝くのに年齢は関係ない。何歳になってもチャンスはあるのです。みなさんはしつこく生き続けて、つねに挑戦してほしいと思います。

可能性を高める

——会長は海外での生活を豊富に経験なさっていると思いますが、外国で暮らすことで学べることはどんなことですか。

海外に行くとなにかしら新しいことに出会います。でも、経験したことはたんなる「材料」にすぎません。だいじなのはその材料をもとになにを考えるかということです。

海外でも国内であっても体験したことをおもしろいと思うか、後になにかを残せるかは自分の感覚にかかっています。その感覚が発達していれば材料を消化し血肉にできる、なにかを残すことができるのです。起こったことの意味やメッセージはわからなければそれで終わってしまうものだと思います。その人の器にあったものしか見えません。ですから継続的にさまざまなことにチャレンジして自分の器を鍛えていくことがだいじです。その手がかりとして外国へ行くこともけっこうなことでしょう。

昔は組織のために人脈をつくったり知識を蓄積したりすることが重要でしたが、今後は自分の可能性を高めることのほうがだいじです。これまでは会社が安定し拡大していけば自分の生活も保障されたのですが、これからは自分の身は自分で守るしかありません。私はこんなことができる、というものをつねに用意しておかなくてはならないのです。そのために自分を鍛えなければなりませんが、人は努力しても連続的に成長していくものではありません。なかなか伸びないように思うこともあるでしょうが、あるとき一気に飛躍します。若い頃の飛躍力には目を見張るものがあります。国際交流などの体験はそのきっかけになるのですから、チャンスを活用することがだいじだと思います。

佐々木　毅

「とてつもない人間」に

——会長は、政治について研究してこられましたが、政治家にはなろうと思われませんでしたか。

根本的に、政治家は私とは違う人間だと思っています。お酒を飲む肝臓の強さといい、バイタリティといい、私には彼らのまねはとてもできません。その意味で政治家という人びとを尊敬しています。

何人かの政治家もそうですが、世の中にはとてつもない人間だと思える人たちがいます。学問の世界だけでなく会社やあなた方の学校にもいるでしょう。どうやってもかなわないという人が。私がみなさんにおすすめしたいのは、そういった「とてつもない人間」に早く出会うことです。すると人間の見方が変わるのです。「どうせ世の中にたいした人間はいない」などと思っていると、自分もたいしたことのない人生を送ることになるでしょう。すぐれた人物との出会いは自分への励ましにもなるし、広い意味で目標になります。まねても勝てないかもしれません。しかし、その必要はないのです。ある点に関してその人に勝てないかもしれませんが、自分は自分の得意な世界でがんばればいいし、だれにも負けないものがあればいいのです。

かなわないと思える人との出会いは、あなたの人生にとっての宝となります。その人とつきあうのにふさわしい人間になるためには自分はどうすればいいのかと考える刺激剤にもなります。また、あなたをすごい人だと思う人がでてくるかもしれません。お互いの価値を認めあうことは世の中を明るくするし、元気がでます。

世の中の動き

――財団会長として、現在の国際社会を見回すなかで、私たち若者の役割をどのようなものだと思われますか。

むずかしい質問ですが、ひとついえることは、あなた方はあなた方のお父さんの世代と同じようにはいかないだろうということです。あなた方の人生も、期待される仕事も違うだろうと思います。お父さんの世代は、日本の歴史のなかでもまれにみるほど安定した時代に社

佐々木　毅

会に出て、人生のいい時期を過ごすことができました。会社のなかでがんばれば、それなりの安定した生活が保障されていました。ところがみなさんの時代は、グローバル化していく世界のなかで、日本が強いか弱いかわからない時代に世の中に出ていくことになります。とくに単一の価値観でまとまっているような世界では、ひとつおかしいことが起こると雪崩《なだれ》のようにものごとが変わってしまうということがよくあります。ですからグローバル化というものに関心をもたないわけにはいきません。

これまでは国がなんとかしてくれました。いまは国も余裕がありませんから福祉などいろんなところを切っています。するとこうした変化と間尺にあわない人がでてきます。つまり国内外にわたって変動要因が多いので、世界の情勢や経済をつねに緊張感をもってみつめていかざるを得ないのです。自分の皮膚感覚で、世の中がどう動くのかということを自分なりにイメージしながら生きていくことになるのではないかと思っています。若い頃からそれに耐えられるキャパシティを広げていくことが必要でしょう。

日本発の「モデル」
――未来を担う一〇代の青少年への励ましのメッセージをお願いします。

あなた方には二一世紀の社会というものはこういうものだ、というモデルをつくってもらいたいと思っています。私の夢は、それを世界に先駆けて日本がつくることです。私たちの年代は二〇世紀の後始末をしながら毎日を生きているだけで、二一世紀のモデルをつくるところまでいっていません。

環境問題にしても少子高齢化の問題にしても、日本はある意味で先端的なポジションにいます。いずれアジアの国はこれらの問題に突きあたることになるでしょう。そのときまでに、日本がこれらの問題を説明し合理的に処理できるモデルを考え、世界の人びとに「社会のシステムを勉強するなら日本に行こう」と思わせるようになってほしいのです。それにはみなさんが自分の可能性をいまの一・五倍は開拓しないといけないと思います。これまではいわれたことをやっていればよかった、これからはいわれないこともやる、ということでないといけません。

たとえば福祉国家とはなにか、ということを研究しようとしたらかつてはスウェーデンへ行きましたね。スウェーデンは福祉国家についてのモデルをつくったのです。モデルをつく

佐々木　毅

ると国際的にその国の威信はあがり、積極的に評価されます。日本にそういうソフト・パワーがつけば、それは財産になるのです。

二〇世紀のはじめ、日本は軍事力をもちました。つぎにエコノミック・アニマルとよばれ、経済力でかなりのところまでのぼりつめました。でも、どちらもほかの国から尊敬されることはありませんでした。日本がソフト・パワーをもち、どの国からも尊敬される国になってほしいと思いますし、みなさんにもそんな夢をもってほしいのです。

日本は女性パワーをつかうことがへたですね。女性の力を散漫にしかつかっていないことは残念です。男性も女性も協力しあって二一世紀にふさわしい国づくりをし、世界の人びとが日本へ行きたくなるようなモデルをつくってもらいたいと思っています。

〔ささき・たけし〕……一九四二年、秋田県生まれ。政治学者。学習院大学法学部教授、第二七代東京大学総長。法学博士。英国学士院会員。財団法人ラボ国際交流センター会長。東京大学法学部政治学科卒。七八年東京大学教授に就任。九八年法学部長。二〇〇一年から〇五年まで東京大学総長を務めた。第一八～一九期日本学術会議会員。〇三年有識者らでつくる「新しい日本をつくる国民会議」（二一世紀臨調）の共同代表に就任。国立大学協会会長も務めた。内閣府国民生活審査議会会長。〇五年ソウル大学名誉博士号。著書に『マキアヴェッリの政治思想』、『近代政治思想の誕生』、『プラトンと政治』、『いま政治になにが可能か』、『政治に何ができるか』など多数。〇五年に紫綬褒章受章。

【インタビュアー感想】

私たちの時代

◎――先生のお話から時代とともに変わるものがあること、この先しなければならないことなどを考えました。同時に、私たちの核に変わらないものもあると思いました。変化に対応し時代をつくっていくことがたいせつなのかもしれないと考えました。

（松本絵莉花＝中2）

◎――先生のお話のなかで「いまのおとなは二〇世紀の後始末を、これからのおとなは二一世紀のモデルづくりを」ということばがありました。自分が二一世紀を生きて、二一世紀のモデルをつくるんだという実感と使命感がわいてきました。

（渡辺香子＝高1）

◎――先生のお話はわかりやすく、私たちの目線で話をしてくださり、ためになりました。おかげで自分の視野や行動が変わりつつあると思います。これから生きていくためのよい刺激となりました。

（高橋夏美＝高1）

◎――今年の春、高校に入学した私は、なんで勉強をしなくちゃならないのかわかりませんでした。先生は豊かな経験と歴史を交えながら楽しく真剣に、私の目を見てお話をしてくださいました。勉強をする理由がわかった気がします。

（亀田成美＝高1）

◎――「損得勘定なしに人のためになにかをしているときが人生でいちばん輝いているときだ」ということばが印象に残った。日常生活ではなんでも損得を考えるが、ラボ活動中の自分は違う。楽しいからやっている。でも、すべてが自分にプラスになっていくのではないかと思う。

（高木優衣＝高2）

◎――「すごい人と出会いなさい」ということばが印象的でした。現に私はすごい人といえる人に出会っているので、このお話にはとても共感しました。もっとたくさんの人たちと出会いたいし、一回一回の出会いをもっとたいせつにしたいと思いました。

（中村舞里＝高2）

◎――印象に残ったのは「私は二〇世紀のあとかたづけをしている。これからの社会をつくっていくのは、あなたたちだ」ということば。社会をつくることなど、自分に関係ないと思っていたけど、私たちが日本の未来に大きく関係していることをあらためて思った。

（小山菜美＝高2）

◎――「『あきらめが肝心』ということばがあるが、それは間違っていると思う」といわれたことが印象に残っている。たしかにあきらめたらなにも得るものがない。あきらめずに挑戦すればかならずなにかを得るだろう、と思った。生きていれば挫折もある。でもあきらめないでまた挑戦すれば、かならず成長した自分に会えると気づかされた。

（坂東友香＝高2）

◎――印象に残ったのは「とてつもない人間に出会え」といわれたことだ。とてつもない人間とはどのような人だろう。いままで私に影響を与えた人はいた。その人がそうだったのだろうか。未来がとても楽しみなものになった。自分もだれかにとっての「とてつもない人間」になろうと思う。

（楠本智子＝大2）

◎――「とてつもない人間に出会いなさい」ということばがとても印象的でした。たくさんの人に出会ってきましたが、大きな影響を与えてくれた人にはまだ出会っていないように思います。自分から出会いをもとめていくこともだいじだと感じました。先生のいわれる「なにごとにもチャレンジする」ということにもつながると思います。

（松島望実＝大2）

国際交流参加者の感想文

◇……英語でうまくコミュニケイションがとれない悩みをプラスに変えるため，毎日，自分の限界をこえる挑戦をするようにしました。すると「一生懸命な姿がかわいい」と評判になり，友だちが増えました。
（高３女子・05年ラボ高校生留学参加）

◇……ジェシカがきて思ったことは，ことばがあまり話せなくても仲よくなれるということです。けどやっぱりそれだけじゃ深いところまで仲よくなれない。ことばはほんとうにだいじなものなんだと思った。
（高３女子・07年オーストラリア青少年受入れ）

多面的な価値観で
異文化と交流

東　洋

心理学者
東京大学名誉教授

「ラボの世界」二〇〇七年七月

戦場のむこうに

東　洋

――東先生は一〇代の頃、どのような少年時代を送られましたか。

ぼくの一〇代は、ずっと戦争の時代でした。一一歳のとき中国と戦争が始まり、一五歳のときに第二次世界大戦が勃発しました。戦争はだんだん激しくなり、一八歳の頃には食べ物はなくなって空襲も激しくなりました。そして一九歳で終戦を迎えました。

ずいぶんみなさんとは違う一〇代を送ってきたと思われるかもしれませんが、はじめのほうはみなさんと同じように学校へ行き友だちと遊び、おしゃべりをしたり小説をまねて書いてみたり、スポーツをしたりしていました。ただしずっと心にのしかかっていたことは、いつかは戦争に行かなくてはならないだろうということです。どうせ兵隊にとられるならいっそ早くから軍隊の学校に行こうかと悩みましたし、いざ戦場に行ってバテては困るから、スポーツで身体を鍛えることも心がけていました。戦地に行ったら生きて帰れないと思っていましたから、中2の頃から、どのように死のうかということをいつも考えていました。

でも一方では、アメリカの子どもと話をしてみたいとも考えていました。前線では日本とアメリカは戦っていましたが、むこうの子どもはどんなことを考えているのだろう、一度子どもどうしで話したいと思っていたのです。そのことを詩に書いたりもしました。

「同意できません」

——先生はフルブライト奨学生でアメリカに留学されたとのことですが、そのときのエピソードをお話しください。

フルブライトの前にガリオア資金（Government Appropriation for Relief in Occupied Area Fund ＝占領地域救済政府資金）という、敗戦国である日本を援助する基金がありました。アメリカに留学を希望する青年を募るというので応募しましたが、落ちました。その後、今度は占領国に限らず、諸外国からアメリカに若者を呼び寄せるフルブライト奨学金という制度（Fulbright Program）が誕生したので応募したところ、今度は合格しました。ガリオアよりもよい条件だったので、結果的にはよかったですね。

フルブライトで留学したのは、一九五六年、三〇歳のときです。試験があったのはその一年前。出発まで一年間アメリカの女性将校が学生に英語を教えていたグループに入れてもらって自信をつけて出発したのです。しかしアメリカに着き、喫茶店でコーヒーを注文するとコークつまりコカ・コーラをもってこられたり、アイスクリームを注文すればアイスティーがでてくるなど、はじめは発音で苦労しました。また目玉焼きを注文すると、片側だけ焼くのか両側を焼くのか、黄身を固く焼くのか半熟か、などとこと細かく聞いてきます。面倒なので「なんでもいい」というと、それでは調理できないと怒られました。ぼくが通った東京大学のそばのすし屋では、こちらが注文をつけようものなら「あんたの好きなものは知っている」と怒られたものです。日本とアメリカの違いを感じました。

アメリカの大学の授業では黙っているとどんどん減点されてしまいます。ですが、活発に英語が飛び交うなかに割り込んでいくのはなかなかたいへんです。そこで話がわからなくなったら、"**I don't agree with you!**"（私は同意できない）ということにしました。みんなはびっくりして「おまえの意見は？」と聞いてきますので、「その前にもう一度いってくれ」と私。すると今度はゆっくり話してくれます。「それなら話がわかる」といいながら話についていきました。アメリカという国はでしゃばらないといけない国だと思いましたから、この方式で学生集会などにもどんどん出かけました。

ただ、日本人は数学には強かったです。英語がわからなくてもなんとかなりますし、当時、むこうの大学では日本の高1程度の数学でも四苦八苦していましたから、ぼくがスラスラ解いたりすると、ずいぶん頭がよいと思われたようです。一方で、アメリカ人は日本人に比べ社会的訓練ができていて、自分の意見を自信をもっていえるし、外国人の話は好意的に聞いてくれます。日本人は、人づきあいや気づかいがまだ子どもっぽく、学ばねばならないところがたくさんあるように思いました。

異年齢集団の教育力

――いまの子どもたちをとりまく環境をどう思われますか。

ある意味、とてもうらやましいですね。こんな中学生時代、高校生時代を過ごせたらきっと幸せだろうなと思います。でもその一方で自由すぎると欲望も多くなり、かえって気持ちが休まらないようにも思います。

いまは、政治、経済などのすべてにおいて、おとな自身が落ち着いて自信をもって生きていける環境ではありませんから、子どもも落ち着きません。受験のための勉強もあいかわらずひどすぎます。いい高校へ行き、いい大学に入る、それしか道がないというのはどうなのでしょう。昔は先生になりたければ師範学校がありましたし、電気の専門学校に行って、電気の先端技術を学ぶこともできました。医学への道にしたって、大学以外に医専（医学専門学校）があり、りっぱな医者を多く輩出しました。いまはすべてを大学への道に一本化し、生徒にランクづけをする傾向があり、選択肢が多くありません。そのため学生は競争にしばられて余裕がありません。子どもたちが社会にでて伸びていく道筋を、日本はつくりなおさなければならないと思います。

多面的な価値観で異文化と交流

これからの子どもたちが柔軟な思考と生きる知恵や力をもつのに、ラボ・パーティのよう

東　洋

に異年齢集団で遊んだり学んだりする経験は重要です。スポーツなどのルールにしばられた集団での訓練も有益ですが、そればかりではなく、年齢や環境の異なるいろいろな子どもと自由に遊ぶ環境がだいじです。同年齢集団だと競争になりますが、異年齢集団のなかでは年上の子は年下の者や弱い者をいじめません。年下の者は年長者のいいところを安心して尊敬できるし、まねをすることもできます。年上の者も年少者からたくさんのことを学ぶことができます。

相手の文化と自分の文化に好奇心

――外国の人と交流するとき、外国の文化を学ぶときにたいせつなことはなんですか。

なんでも見てやろうという好奇心ですね。はじめから嫌いだと決めつけて相手の文化に心を閉じたりしないで、おもしろがってみることです。国の文化はそれぞれ独自の知恵が隠れているのです。おいしいとは思えない食事でもその国の人は喜んで食べているのだから、どう食べたらおいしいかと考えたり、変な歌だと思っても感動する人もいるのだから、なぜだろうと考えることはだいじです。その国の文化に根づいている理由があるのだから、その理由はなにかと興味をもつといいと思います。

また、日本の文化は狭い地域でじっくり育ってきた、世界でもあまり例のない文化です。外国の文化を学びながら、自分たちのすばらしい文化もふり返り、そのよさをかみしめてみてください。

アメリカに留学してカルチャーショックを受けましたが、帰国すると今度は日本でも驚きました。たとえば人が道をまっすぐ歩かないのです。むこうから人が歩いてくるとぶつからないようによけるからです。日本は相手を気づかう文化、やさしい文化だと思いました。しかも無意識にやさしいので、崩れることがありません。

一方で、日本でならいわなくてもわかるということも、外国ではことばという道具を使って、がんばって伝えるという作業をしなければなりません。会話の技術がうまいとかへただとかは関係ありません。どの国でもまじめに伝えようとすれば悪くはとられないはずです。ですから、ていねいにはっきりと意志を伝えましょう。

また相手の立場を考えることはどの国でもたいせつです。察するということはだいじです。どんな言語にも微妙な表現はありますが、それが使えないうちは気持ちを働かせましょう。ただ、アメリカ人だから陽気だとか、ドイツ人だからまじめだというような型にはまった知識で相手のことを考えるのではなく、その場その場で、その人を見て察すること。むずかしいけれど人と交流するうえではたいせつなことです。

東　洋

考える「わく組み」

――先生がいま、いちばん力をいれておられる仕事、興味をおもちのテーマはなんですか。

人がものを考えるときの道具として論理や概念などがありますが、その手前に、頭のなかでこうすればこうなる、という物語をつくって考えていると思います。ものごとを考える「わく組み」とでもいいましょうか。それが文化によって違うように思うのです。

テレビ番組にミステリードラマがあります。これがアメリカだと、最後に警察が手錠をかけて終わる。ときに悪人が勝つこともありますが、とにかく勝負がついたところで終わります。ところが日本だと最後の場面がとても長い。刑事が犯人に同情したり、「困ったことが起こったらいつでも訪ねてこい」などと犯人を励ましたりします。感情の始末をつけないと終わらないのです。

その国の人びとが、どんな物語で育ったのか、それが文化的にどのようにわく組みを規定しているのか、そしてそれがその文化の善悪の判断にどう影響を与えているのか、ということが、いまの私の興味の対象です。

こんなことを考えるようになったのは、それぞれの文化のなかで、人はどう生きるべきかといった倫理観、道徳観の国による違いを調べようと調査研究をしたのがきっかけです。たとえば「学生が先生にけがをさせました。これはどれくらい悪いことですか?」という質問を投げかけると、アメリカでは人を傷つけることはいかなる理由があろうとも悪いことだ、というきびしい判断がでます。一方、日本では、どういう状況か、なにか事情があったのか、これだけでは判断できない、というような意見がでます。調査する側は準備段階で細かい状況設定を決めておき、順に明らかにしていきます。すると少しずつ両者の違いは縮まっていきます。つまり情報が少ない段階では、ある状況に対して思い描く物語が、文化によって違うようなのです。国の間で誤解が起こるというのはそのあたりに原因があるのではないかと思うのです。

自分の足で立つ

――明日をになう私たち一〇代の若者へ、励ましのメッセージをお願いします。

これからは社会がもっと速く大きく変わっていくと思います。そういう時代を生きるには一人ひとりが自分の足でしっかり立つことがたいせつでしょう。時代が安定的ならば、周囲に合わせて生きていけますし、そのほうが楽でしょう。でも激動の時代においてはふりまわされてしまいます。

自分の考えで行動すると失敗してしまうかもしれませんが、くじけないでください。挫折しても自分の足で立っていればそのうちに可能性がみえてきます。自分の価値を他人の評価に左右されないように。自分への評価は最終的には自分で決めることです。ひとつの価値観で勝ったとか負けたとかを判断するのではなく、多面的な価値観を身につけるということが必要になると思います。

けれども、心にゆとりがないと、多角的に考えることができません。最低限の生きる条件が満たされないと、人は道徳も人間らしさもなくなってしまいます。残念ながら世界にはそうした環境におかれている人びとがまだいますから、早くその条件を満たす方法を考えなければいけません。ぼくたちの世代では間にあわずとも、みなさんの力で改善してほしいと思います。

東　洋

〔あずま・ひろし〕……一九二六年、東京都生まれ。心理学者。東京大学名誉教授。財団法人ラボ国際交流センター副会長。東京大学卒。イリノイ大学大学院博士課程修了。日本女子大学助教授、東京大学教育学部助教授を経て、七一年に教授、一九八六年に退任。同年白百合女子大学教授、二〇〇二年清泉女子学院大学学長、〇七年退任。その間日本発達心理学会理事長などを歴任。第一三期日本学術会議会員。著書に『日本人のしつけと教育』『子どもにものを教えること』『学習指導論』『子どもの能力と教育評価』など多数。

【インタビュアー感想】

過去から未来へ

◎――今年の夏、日本舞踊の文化交流でハンガリーへ行きます。それで簡単なことばを覚えようとしましたが、聞いたこともないことばばかりでいやでした。でも先生から、だいじなことは開いた心と好奇心だとうかがい、怖がったり心配する必要はない、相手を知りたい、仲よくなりたいと思うことがたいせつだと気づきました。

（岩下　紫＝小6）

◎――外国の人と交流するときや外国の文化を学ぶときに好奇心や開いた心がたいせつだと聞いて、今度行く国際交流に役だてようと思いました。

（小林大泰＝中1）

◎――東先生の少年時代がいまと違い、戦争で貧しかったと先生がいわれました。もう戦争をしてはいけないと思いました。

（長谷川広樹＝中1）

◎――戦火のなかを生き抜いた人がいるからこそいまがあるのだと実感させられました。戦争の時代に生きた人がいなくなってしまったら、私たちは戦争で負った傷も痛みも苦しみもすべて忘れてしまうのかと悲しくなりました。私たちは、この忘れ去られそうな時代の傷跡をはるか未来まで伝えていくべきだと思います。

（石原愛梨＝中3）

◎――先生は異年齢集団のよさを語ってくださいました。ラボ・パーティは、まさしく異年齢集団。幼い頃はお姉さん、お兄さんのいうことをよく聞き、すごいと感じていました。もう私も幼い子をひっぱる年齢ですが、幼い子の考え方は、意外性や強烈なアイディア、思わず「なるほど!!」と思うものが多々あります。

（杉田有花＝高1）

◎――先生は私くらいの年齢のとき、毎日死に方を考えていたそうです。アメリカ人の子どもとお話をしてみたいと戦争中なのに考えていらしたそうです。戦争は一〇代を一〇代らしくさせてくれないと思いました。

（岩下万葉＝高1）

◎――外国の人びとと交流するとき、文化を学ぶときたいせつなのは好奇心と開いた心で人と接するということを学んだ。自分もアメリカではさまざまなものに興味をもっていたし、「自分からいかなきゃ」と思い、わからないところは辞書などを使って一生懸命コミュニケイションをとろうとしていた。その甲斐あっていろんなものを吸収することができた気がする。

（岩楯友里＝大2）

ことばのむこうがわにある詩

アーサー・ビナード

詩人・エッセイスト・翻訳家

「ラボの世界」二〇〇七年一〇月

文学と語学の根っこ

——一〇代の頃、どのような少年時代を過ごされましたか。

小さい頃は"The Tales of Uncle Remus"『アンクル・リーマスの語った話』(一八八〇／ジョーエル・チャンドラー・ハリス著)の話を父親に毎晩、読んでもらっていました。一〇歳になるまでその昔話に染まって、なにかを語るという行為が、そこからでてきたかもしれません。

そしてそんな父親が、ぼくが中学に入る直前に、飛行機の事故で亡くなってしまいました。母と妹二人とぼくの四人が残され、どう生きていくかが家族の緊急課題になりました。一二歳といえば、いわゆる反抗期がはじまろうとするときで、いきなり反抗の相手がいなくなってしまったわけです。夫を失った母親に、思いっきりぶつかって反抗することはできません。そんなことをしたら一家が壊れてしまいます。幼い妹たちにも感情をぶつけることもできず、そこで、自分の気持ちは内側にむけるしかありませんでした。高校に入ったあたりから詩を書きはじめましたが、こうした「家庭の過程」が大きく影響したと思います。

——日本語に興味をもたれたきっかけはどんなことですか。

大学では英米文学を専攻しました。その卒業論文を書いていたときにエズラ・パウンド（一八八五〜一九七二）という詩人の作品を読みだしました。パウンドは二〇世紀のはじめに、イマジズムという芸術運動の中心的な役割をになった人ですが、彼の長編詩のなかに李白などの漢詩（Chinese Poetry）が引用されていたのです。漢字表記のままで。この表意文字（ideograms）はいったいナニモノなのかと思い、強くひかれました。考えてみれば子どもの頃から、ミシガンの中華料理屋の看板で漢字を見てはいたのですが、文字というよりは絵のようなものとして認識していました。でもパウンドの詩のなかで漢字に出くわしてから、調べはじめたんです。

それ以前にぼくは大学を休学してヨーロッパへ渡り、イタリア語を勉強したことがありました。それから復学して、大学のスタディ・グループでインドにも行きました。そこでタミル語に没頭して、脳味噌がそれに揉まれて、だいぶやわらかくなってきていたときに漢字に遭遇、こいつらも覚えたらおもしろかろうと思ったのです。

漢字は中国でも日本でも使われていますが、日本語のほうがゴチャゴチャと多様性に富んでいるように思えました。ひらがなとカタカナという表音文字と混ざって使われます。そして漢字には読み方が幾通りもあったりして用法が違ったり、予想のつかないおもしろさを予感し、ニューヨークの本屋で和英と英和の辞書を買って、一九九〇年に来日しました。以来、日本とアメリカとを行き来する生活をしています。

アーサー・ビナード

創作の冒険

——なぜ文学の世界で仕事をしようと思ったのですか。

文学は、金をかせぐ方法として、就職する気持ちではじめるような仕事ではないと思います。「詩人になる方法」というものがあるわけでもありません。いろんな先生や先輩から文学のことをいっぱい教わってきましたが、作品の生みだし方を教わることはできません。詩を書こうと思ったのは、経験したことをことばで表現し、人に読んでもらって分かちあおうと、そんなことをやってみたかったのです。

日本語で考えることで、自分の母語である英語と少し距離をとることができるようになりました。これは創作においてかなりだいじなことです。日本語で考えるときは英語を遠ざけ、英語で考えるときは日本語と比較して、ときにはことばをみんな頭から追い出して閉めだすこともあります。本来、ことばを閉めだして無言の境地にいくのはむずかしい。座禅を組む修行を六〇年くらいやってようやくできるようなことです。でも日本語を身につけて、日本語で頭を満たすことによって英語をちょっとけっとばすことができます。逆も可能。思考回路を変えることができるのです。

でも、創作をはじめる段階では、できるだけ英語も日本語も遠ざけて、対象物そのものに迫りたいと思っています。出だしからことばを使って考えると、ことばに引っぱられてしまいます。ことばそのものがもっている相性や傾向などにふりまわされずに作品を書きたいと思います。ことば遊びは別ですが、ことばによりかかり、それだけに終始した詩は、読者にとって発見が少ないのです。ことばに依存しないでことばで表現したいと思っています。そのためにはまず、関心をもった「物」をじっくり観察したりさわったりして、感覚をつかむ努力をします。それができてはじめてことばを組みたてる作業を開始します。ことばの奥に、ほんとうに伝えたかった世界が透けてみえる、そんな作品をつくりたいものだと思っています。表現のうまさより、その奥にあるものが感動に値するかどうかということがたいせつではないかと思います。

翻訳のむずかしさと喜び

——ビナードさんは詩やエッセイを創作するほかに翻訳もなさいますが、翻訳するときに気をつけておられることは。

アーサー・ビナード

ある英語の詩が、英語の読者に感動を与えたり、笑いを誘ったり、ということがあるとすると、日本語に訳されたその作品を読む日本人も同じように感動し笑えなければ、正しい訳とはいえないでしょう。細かいことばのくふうをして、一見違うようにみえるいい回しになったとしても、同じ心の現象を日本の読者にも引き起こすことができるならば、いい訳です。誤訳はつきものですが、そういう意味では直訳されたものが「誤訳」になる可能性が高いかもしれません。文法的には正しくても、作品がもっている味わいが飛んでしまって感動もなにもないということはありえます。それじゃあ文学作品として成立しないでしょう。英語をそのまま置き換えるのではなく、ことばをくふうしてつむいでいって、英語圏の人間と同じ質の感動を日本の読者にもたらすということであれば、そのほうがよい翻訳だと思います。

翻訳で困ることのひとつが三人称。日本語の作品を英語に翻訳するときに、三人称単数の代名詞を"he"にすべきか"she"にすべきか、迷うことがあります。日本語では、性別をはっきりさせなくても物語が書けるんですね。とくに童話の場合。『焼かれたサンマ』という、サンマが主人公の物語を翻訳したことがありますが、日本語の原文は終わりまで主人公を「秋刀魚」と呼んでいます。しかし英語では代名詞にしないとしつこい感じがします。"it"にしてしまうと物として扱うことになり、物語がだいなしですから、翻訳者が"he"か"she"かを決めなければなりません。悩みますね。

異文化理解？

――異文化を理解するために気をつけなければならないことはどんなことですか。

ぼくは、「文化」ということばを疑っています。「食文化」とか「文化財」とか、限定された文化についてならわかります。でも食文化から「食」を抜いたらなにが残りますか？ぼくは、勘違いや思いこみがいろいろ残るのではないか、と思ったりします。そもそも「文化」を疑っているのに、さらにアヤフヤな「異」がつくと、ますますわかりません。人間は、肌が白かろうが黒かろうが、生物学的には同じ種なのですから「文化の違い」などささいなことです。日本に来て最初の頃は、生活がアメリカとなにもかも違って見えました。でも数年たつと、それまで隠れていた共通点がみえてきましたし、一〇年もたてば共通点ばかりが残り、「基本的なところは同じじゃないか」と。

文化だ、異文化だという机上の論に目を奪われていないで、その土地に住む人びとの生活とことば、暮らしそのものに目をむけることがだいじなのではないでしょうか。これら具体的なことがらに、好奇心と尊敬の念をもって近づこうと努力する。そうしていれば、「文化」というものは自然とわかってくると思います。

心が動くとき

――ビナードさんは、現代の日本人があまり興味をもたないものにも関心をもたれますが、なぜですか。

みんなが注目しているとか、いまはやっているとかいう評判は、自分が関心をもつかどうかの基準にするほどのことではないと思います。それよりも、真におもしろいかどうかです。この絵はすばらしい、この一枚の絵で、いままで見えていなかった世界が開けた、そういうものに出会ったとき、マスコミがつくった流行などどうでもよくなります。

たとえば浮世絵っていうものには最初、ぼくはさほど興味をひかれませんでした。ゴッホが浮世絵を賞賛したのも、きっと浮世絵の形や色彩の美しさにひかれてのことかな、という程度にしか思っていませんでした。ところが日本にきて五年くらいたった頃、東京駅のステーション・ギャラリィで本物の安藤広重「東海道五拾三次」を観たとき、ピンときて面喰らっちゃいました。浮世絵のすごさは形式美なんかではない、人間の味わい深さそのものなのだということがわかったんですね。それから、北斎などの作品も夢中で観るようになりました。

視点を変えて

――次代をになう若者にメッセージをお願いします。

みんながやらないことを、一〇代の頃になにかみつけて、やってみるとおもしろいと思います。自分に合うかどうか、興味が続くかどうかだけを基準にしてやってみたほうがいいですね。ぼくはこの一五年、能の謡（うたい）を勉強していますが、やっている人は少ない。でも一般的でないことをやると、人と違う視点でものを見ることができるのです。日本にはいろんな伝統芸能が生き残っていて、探せばすぐれた師匠と出会えます。ただ、あと何年それが可能か、この文化的環境がいつまでも保たれるとは限りません。いまなら直接学ぶことができるのに、そのチャンスをのがしてしまうのはもったいないですよ。

もうひとつつけ加えるとしたら「人間の視点だけでものごとを見ないようにしよう」ということも強調しておきたいと思います。財産、地位、名誉……、そんなものばかりに目を奪われていると生き方が勘違いだらけ、盲点だらけになってしまう気がします。どれもみんな人間が勝手な基準でつくったものです。その価値観のみを尺度にすると、やりたいことをやろうとしたときに息苦しくなります。大学を選ぶときもそうです。有名であるかどうかで大学を決めるのは単純すぎます。へたをすればいちばんだいじなところを捨てることになります。すばらしい先生がひとりいて、その先生に出会えるかどうかということのほうが、ずっとたいせつだったりします。

また、猫の視点からみた東京とはどういう街か、鯉の感覚で神田川はどうか……、ぼくは納豆が大好きですが、納豆菌からみて自分はどう生きるべきかといったような多様な視点を取りいれて考えると、風通しがよくなります。自分を背負ってどこへ行こうかと考えるとき、決まりきった人間の視点だけで判断しないように。

アーサー・ビナード

〔アーサー・ビナード Arthur Binard〕……一九六七年、アメリカ・ミシガン州生まれ。詩人、エッセイスト、翻訳家。二〇歳の頃ヨーロッパへ渡り、ミラノでイタリア語を習得。九〇年、ニューヨーク州のコルゲート大学英文学部卒。卒業論文を執筆中に日本語に出会い、魅了されて来日。二〇〇一年、詩集『釣り上げては』で中原中也賞を受賞。絵本に『ことばメガネ』、『くうきのかお』、エッセイ集に『日本語ぽこりぽこり』、翻訳絵本に『ダンデライオン』、『はじまりの日』など多数。ラボ・ライブラリー『ジョン万次郎物語』の英語を担当。現在、「花椿」「うえの」や小学館のホームページ「Web日本語」に連載中。文化放送「吉田照美ソコダイジナトコ」のコメンテイターもつとめる。

【インタビュアー感想】

あたりまえの発見

◎——私は『ハリー・ポッター』ばかり読んでいましたが、お話を聞いて、ほかの人が知らないような本も読もうと思いました。また、生活のなかで興味をもったものがあったら、それについてもっと知る努力をしたいと思いました。

（植田絢子＝中1）

◎——「文化があるかもわからないのに異文化なんていうのはおかしい」ということばが印象に残りました。学校でも外国人の話を聞くときはいつも異文化交流を掲げているので、その答えはとても新鮮でした。ビナードさんは「人と違ったことをするのもいい」とおっしゃいましたが、みんなが流行や常識として追っているものとは違った動きをすることもたいせつだとあらためて思いました。

（落合哉人＝中2）

◎——ビナードさんは、日本語で読んだときに笑えるようなものだったら、それを翻訳した英語で読んだときも笑えるようにしなくてはいけない、直訳して読んだときの感情が違ったら誤訳になってしまうといわれました。英語の授業では直訳することが多いから、授業とは別に翻訳してみたいと思いました。

（霜田麻衣＝高2）

◎——文学を仕事にした理由を聞くと「文学

は好きなことだからしている」と。すごく納得しました。小さい頃は自分の将来をあれやこれやと描いていたのに、大きくなるとお金とか、才能とか、環境とか、いろいろなものに「好きだから」という気持ちを邪魔されてきたような気がします。たいせつなことに気づくことができました。

（富田環地＝大1）

◎――アーサーさんの視点は私とは違う。アーサーさんの世界観で世界を見たいと思いました。視点をずらしてものごとを見ると新しい世界が広がると思いますし、自分自身を成長させられると思います。もっと多くのことを吸収し自分で理解する力をつけなければ、と強く思いました。

（原　郁美＝大1）

◎――仕事を楽しむということはある意味むずかしいことであり、実際に仕事を楽しんでいない人は多いのではないか。ビナードさんは、みずから考え行動することによって表現することを楽しんでいると感じた。自分もビナードさんのような考えを、つねに心にもっておきたいと思った。

（納　次郎＝大3）

◎――ビナードさんは翻訳する際に、詩の「奥」を強く意識し、その「奥」の意味を表現するのが翻訳だとおっしゃった。論文や本を読む際にも、書く際にもたいせつなことだと思う。「人間の価値観だけで見ない」ということばも印象的だ。人間以外の目線で見るという作業もたいせつだと思った。

（佐藤　誠＝大3）

◎――いままで人種ということばは、人間の種類だと思っていましたが、ビナードさんは「人間は種としては一種類なのに人種というのは変だ」といわれ、確かにそうだと思いました。ビナードさんは型にはまった考え方をしていない方なんだと思いました。

（駒込寛紀＝高2）

国際交流参加者の感想文

◇……人と人との絆，とくに「家族の絆」というものを学びました。これからここで手に入れた絆を永遠にだいじにしたいと思います。また日本の家族とも「家族の絆」をもっと深めたいと思いました。

（中２女子・06 年カナダ交流参加）

◇……ここではみんなが相手と交流しようとして，素の自分，かざらない自分をさらけだしているように思えた。ありのままの自分を表現して，知ってもらおうとがんばってる姿に「素」を感じた。

（高１男子・08 年オレゴン国際キャンプ参加）

興味が学習の原動力

福田誠治
教育学者
都留文科大学文学部教授、理事兼副学長

「ラボの世界」二〇〇八年五月

――福田先生は一〇代の頃、どのように過ごされていましたか。また、なぜ教育学を専攻されたのですか。

私が生まれ育ったのは、岐阜の農村です。いまは山県（やまがた）市とよばれていますが、山の多いところです。父は小学校の教師でしたが、当時はずいぶんのんびりしていて「勉強、勉強」と追いたてられるようなことはなかったと思います。その頃「いい子」といえば農作業や家の手伝いをする子のことでした。

ところが私が中学生になった頃、日本は大きく変わりました。いわゆる高度経済成長期とよばれる時代が到来し、働けば働くほど生活が豊かになり、幸せになれるとだれもが思うようになったのです。子どももたちもテストで競争させられるようになりました。テレビが普及しはじめたのもこの頃でしたし、明るい電灯のおかげで、日が暮れれば寝ていた生活から、夜でもなにかしら活動しているという暮らしになりました。ずいぶん変わったなあと思ったものです。

もともと私は数学や物理が好きでしたから、大学も理系を選びました。ところが途中から比較文化、あるいは国際文化といった文系に転科したのです。おもにロシアの新教育を研究してきたのですが、二〇〇五年からはフィンランドの教育について研究をはじめました。教育に関心をもった理由は、ひとつは教師である父親の影響もあったでしょうね。また私はいつも自分の得意なことより不得意なこと、わからないことにこだわって生きてきたような気がします。わからないことを「なぜか」と考えながら。教育もそのひとつですね。子どもの頃を考えると、知ることは楽しいと思うことがたくさんあったように思います。ですから自分から学びたいと思えるような教育もあるのでは、と考えました。

話を戻しますが、大学院にすすみ五年ほど研究して、都留文科大学で教員養成の仕事に就き、その後、新しい学科である比較文化を教えるようになりました。これがとてもおもしろかったのです。当時は学問として確立していませんでしたからどんな研究も可能でしたし、世界を通して日本をみつめるようなこともできました。ちょうど子育てのまっ最中で、富山の親戚からラボ・パーティを教えてもらい、ラボ本部の紹介で埼玉のパーティにふたりの子どもを入れてもらいました。少年の頃、農村では子どもが読書をすることは喜ばれませんでしたから、わが子とラボに関わり、ラボ・ライブラリーを聴くことで私の世界も広がりました。

学力の考え方

――先生が研究しておられるフィンランド教育とは、どのようなものですか。

一六歳になるまで他人と比較する試験というものがありません。ですからテストのための勉強もありません。日本では試験がないとだれも勉強しなくなるのではと多くの人が考えています。でもフィンランドの教育をみると、テストをすると逆に学力が下がるのではないかと思えてくるのです。なぜかというと、点が取れることだけを勉強するようになりがちだからです。点にならなくても生きるうえで学ぶべきことはたくさんある。それをおろそかにすることになる気がします。フィンランド教育を有名にしたのは、ＯＥＣＤ（Organization for Economic Co-operation and Development ＝経済協力開発機構）のＰＩＳＡ（Program for International Student Assessment ＝生徒の学習到達度調査）という国際学力調査ですが、この試験問題を見てもＥＵ（European Union ＝欧州連合）の国ぐには考える力やコミュニケイション力を学力と考え、重視していることがわかります。テストの点より言語力を重視するラボに似てますね。

フィンランドの先生に、「テストがないのに、生徒はなぜ勉強するの」と聞いたら「テストがないとどうして勉強しないの」と逆に聞かれました。フィンランドの生徒は知りたいから勉強する、自分のために勉強するということをごく普通に行なっているのです。ここでは基本的に人間は知りたがるものであり、いまやる気がなくてもそのうち知りたくなるだろうと考えているのです。また、わかりたいと思う生徒がいればそれがひとりでも補習を行ない、できるようにしてくれます。授業中でも、興味がなければ他人をじゃましないかぎりなにをしても自由です。そのかわり授業がわからなくなっても自分の責任です。テストを理由に勉強させることはできませんから、教師は生徒のやる気を引きだすためにたいへんな努力をします。生徒もテストにでるところだけを覚えればよいというわけではないので、おもしろいから、あるいはおもしろくはないけれど将来自分のためになると思うかどうか考えながら学んでいくわけです。フィンランドの生徒は、早い時期から花屋になるとか科学者になるなどと将来のことを考えるようにうながされます。人生を見すえて、自分のために勉強をするわけです。

学び方を学ぶ

ここにフィンランドの教科書があります。たとえば小1の理科ですが、まず「森へはいってみよう」というところからはじまります。実際に森に行き、木の葉を集めたり、雪が降っていれば雪を観察したりします。小3の理科では「地図を描こう」という課題があります。地図の描き方ももちろん勉強しますが、実際に街に出て描いてみます。たとえば近くの動物園の地図を描く際にも、そこまで乗りものは使わず歩いていきます。すると途中の道路の危険なところも見えてきます。交通標識を知るのも理科です。また身近な交通機関として自転車をとりあげながら、自転車の構造にみられる三角形の力学、その応用としてのエッフェル塔の構造、自転車についているネジの構造と働き、ペダルでてこの原理を考える…、と続き、身のまわりから学ぶ姿勢が徹底しています。生活のなかの好きなものから自然に覚えていけばいいという考え方です。楽しくて知りたいと思ったところから学べるようにくふうされています。先生の仕事は生徒が授業の内容に興味をもつように動機づけることで、答えを教えることではないのです。

自分の生活に即したことから勉強していきますから、知識に偏りはあります。しかし、それが個性であり、自分の生き方です。だれの知識も不十分、だから一生学ぶという考えです。もしわからないことが出てきたら、学び方さえ身につけておけば、必要なときに学べるというわけです。これは日本の教育観からすると理解しにくいことのひとつかもしれませんね。日本ではすべて覚えて一〇〇点を取らなければいけないと思ってしまう。でも全部一〇〇点取ったからといって社会に出たときに十分な知識をもっているかというとそんなことはありません。英語の勉強もそうですね。その場その場で勉強すべきことはたくさんでてきます。すると若いうちに身につけるべきことは、知識の量よりも、なにごとも興味をもって学ぶことができる力だということがわかります。これで十分だということはありませんから一生学ぶ。つまり生涯学習が当然のことになります。フィンランドでは、学校の役割として重要なのは「学び方を学ばせる」ということなのだと考えているのです。

プロセスをだいじに

――先生は、ラボ会員のお父さんでもいらっしゃいましたが、ラボの活動をどう思われますか。

二〇〇七年にOECDのグリア事務総長が日本にきて指摘したことですが、「先進国にとって暗記中心の学び方は時代遅れ。知識の量や計算スピードより考える力のほうが重要だ」というのです。ヨーロッパ、とくにフィンランドでは、学びはこの新しい段階にすすんでいます。テストの解答ならひとつしかありませんが、実生活で起こる問題の答えはいくつもあります。ですから、「正しい」とされる標準的な答えがあって、それを間違えないように答えるというのではなく、その答えを導きだすまでのプロセスがだいじなのです。フィンランドの教育もそこを重視しています。現代はインターネットなど情報にアクセスする方法はたくさんありますから、知らないことがあれば探せばいいのです。多くの知識をもっていることより、少ない量でもきちんと頭のなかで整理されていつでも使える状態になっていて、使うタイミングも自分でみつけられること。問題を自分で探しだし、どう対処すればいいかをつねに考えられることが重要です。ヨーロッパでは、学力とはそのようなものだと気づいて教育改革をしました。日本では、いまだにおおぜいの人が古いスタイルの勉強をくり返せばいいのだと思っています。情報化の時代には、詰め込んでもむだなのです。知識は少なくてもいいからじっくり考え試行錯誤をする、そのプロセスがだいじなのです。得意不得意はでてくるでしょうが、なにかをするときはその得意なところをもち寄って協力しあうことで解決します。そのためにコミュニケイションの力も必要になるのです。

ラボにおける学びは、テストで点数を取るというところに目がいっていないところがいいですね。一人ひとりがいろいろな知識やアイディアや考えをもち寄って、合わせて、つなげて考えるのがラボ活動でしょう。総合学習のようなものでしょうか。

でもこの活動は点数のような目に見える形ででてこないから、実力がついたかどうかわかりにくいです。それでいやになる子や親がでてくるかもしれないですね。長い目で成長をみることがたいせつで、自分の力を試せる場面をたくさんつくったり達成感や充足感を味わえるくふうが必要かもしれません。

福田誠治

できたことを誇りに

——次代を担う一〇代の若者にメッセージをお願いします。

テストの点を気にしすぎると自分の可能性を見誤ってしまう。それはもったいないと思うのです。また日本の場合はわりと早い時期から子どもも親も、限界を設けてしまう傾向があるような気がします。テストの点が悪いと自分は勉強ができないと思い込んでしまうのですね。フィンランドをみていると、試験がないだけに、その教科がにがてかどうか、本人以外はよくわかりません。でも当人は、そのうちできるようになる、と思いながら暮らしていくわけです。

点数によってダメージを受けてしまうのは、若い人たちにとっていちばんの損害です。それを避けるには、できないことにあまり目をむけないことだと思います。テストで七〇点取ったとして、できなかった三〇点を悩むのではなく、七〇点も取れたことに自信をもつべきなのです。幼児の頃であれば、立ったとか歩いたとかで「じょうず、じょうず」と誉められていたのではないですか？　日本語を覚えたのも教科書があってそれを順番に勉強したのではないし、テストのために文字を覚えたわけでもありません。興味や関心に応じて学んできたはずです。保護者のみなさんに申しあげたいのは、お子さんのやる気がでるように誉めて、可能性をつぶさないようにしていただきたいということです。若い人に対しては諦めないでください、といいたいですね。そのためにはゲームやメールは少しにするとか、テレビはできるだけ消すとか、自己防衛も必要です。テストなどというものは出題をする側がむずかしくつくれば正答率は下がるし、簡単にすれば点数は上がるものです。点数で一喜一憂しないできたことを喜び、自信をもつことです。この先長い人生ですから、足りないところはいつでも学べるのです。少しずつ自信を深めながら一歩一歩前にすすんでほしいと思います。

〔ふくた・せいじ〕……一九五〇年、岐阜県生まれ。教育学学者。都留文科大学文学部比較文化学科教授、理事兼副学長。東京大学教養学部教養学科卒。東京大学大学院教育学研究科博士課程修了。都留文科大学教授を経て、二〇〇九年より理事兼副学長。著書に『競争やめたら学力世界一―フィンランド教育の成功』『競争しても学力行き止まり』『こうすれば日本も学力世界一』、『格差をなくせば子どもの学力は伸びる』『フィンランドは教師の育て方がすごい』、『子どもたちに「未来の学力」を』など。

【インタビュアー感想】

自由と責任

◎――フィンランドの子どもたちはテストがないのにみずから勉強するなんてすごいと思いました。学校では、自分のことは自分でするということを早いうちから教えているんだと思いました。日本の学校はテストもあるししっかり勉強していると思うけれど、フィンランドの子たちのほうが学力が上なので日本の学校は、教え方に問題があるんじゃないかなと思いました。福田先生はテストの点で左右されてはいけない、といわれました。これからある中間テストや期末テストにむけて肩の力が抜けたのがよかったです。

（望月　赳＝中1）

◎――今回、福田先生の話を聞いてフィンランドの授業のほうがいいなと思いました。それは好きなことだけやって、きらいなことや興味のないことはやらなくていいからです。しかし、将来のことも考えながら勉強しないといけないから、ぼくにとっては少しむずかしいです。日本もフィンランドのやり方を見習えば学力が向上するのではないかと思います。

（篠崎太一＝中2）

◎――フィンランドの授業は、どうして好きなことをするだけの授業で学力が世界一位なのかとてもふしぎです。福田先生のお話から、学びたいことを学び、やりたくなかったらやらないでいいという教育の考えが、そういう結果を導いたのだと思いました。テストがないということにびっくりし、その理由が競争をしないためということにも驚きました。日本でも実現したらうれしいですが、失敗したらすべて自分の責任ということになってしまうとも思いました。でも競争がないというのは、いまの私たちにとってとてもうらやましいことです。この話を聞いてすごくやる気をもらった気がしました。

（野田みゆき＝中2）

◎――フィンランドの子どもたちは自由に勉強しているのだと感じました。ただ好き勝手にするのではなく自分自身のために学ぶ。どんなことが得意なのか、好きなのかがしっかりとみえているのではないかと思います。授業中に編み物をしているなどと聞いて驚きましたが、やるときは集中してしっかりやる。こういったメリハリのある勉強が学力世界一位につながっているのだと思いました。

（亀田悠希＝大3）

◎――日本もフィンランドも「子どもに普通教育を受けさせる義務」を法に明記してあるにも関わらず、責任の重さの差を強く感じた。「人間は本来学びたがっている」という視点で教育をつくっているフィンランドでは、教師は教育のプロフェッショナルであり、教科書作成では学ぶ意欲を最大限に引きだすためにしのぎを削っている。学校が努力をして、足りない部分は地方自治体が補い、それでも漏れる部分は国家がカバーする。とてもあたりまえのことだが究極の理想を体現していると感じた。いまの日本でこのような教育の形をつくるのは相当むずかしいと感じる。だからこそいますぐに取りかかる必要があると考える。少なくとも自分が家庭をもって子どもが小学校にいく頃には基盤だけでもできていたらいいなと話を聞いて感じた。

（茂木朋貴＝大3）

探求的作文の冒険

管　啓次郎
比較文学者
明治大学教授

「ラボの世界」二〇〇八年七月

管　啓次郎

原点は「ラボ国際交流」

――先生はどのような一〇代を過ごされましたか。

ふつうでしたねー（笑）。ぼくは名古屋の中高一貫の男子校に通っていました。団体行動がにがてなので、クラブには入ったけれど熱心ではなく、家でイヌと遊ぶのがいちばんの楽しみ。あとは読書とギター。

ラボには、小5のときに名古屋のラボ・パーティに入りました。お宅はお屋敷町にある古くて大きな家でした。すごく居心地がよかったので、中学校の頃は土曜の授業が終わるとすぐに行き、パーティがはじまるまで適当に本を読んだりテレビを観たりしながら過ごしました。それでラボがちょっと好きになりました。のちに高校に入ってから、ラボ中部事務所で開かれていたラボ・パーティにかわりました。

真剣に取りくむようになったのは一九七二年、中2のときに第一回のラボ国際交流でアイダホ州に行ったことが大きかった。いま、ここで話をしていることだって、それが出発点だった気がします。それまでも英語は好きだったけれども、なにか実感がともなわなくて。外国語って変なもので、日本でいくら勉強しても、ほんとうにその国があるかどうかすらわからないでしょ？　たとえばぼくは大学でフランス語を専攻したけれど、実際に行ったのはだいぶあと。そのとき「やっぱりフランスってほんとうにあるんだ、フランス語をつかって生活している人たちがいるんだなあ」と、あらためて感心しました。ばかげたことだけど、実感としてはそう。つまり日本にいて日本語だけをつかって暮らしていても、まったく出会うことのない人たちが、世界中に何十億人といるわけですね。そんな人たちや言語に対して、最初から実感がわくはずがない。でもそんなことを最初に意識するようになったのも、アメリカに行ったことがきっかけです。

ぼくらの頃は交流相手がアイダホ州とワシントン州だけしかなく、ぼくはアイダホ州ボイシー近郊にステイしました。初日は時差ボケでぼーっとしたままシアトルのワシントン大学の寮に泊まったのですが、そのときの印象がすごく強かった。「アメリカの大学って、でっかい！」と。寮で食べさせてもらった朝食のハムのでかさとか、マッシュドポテトが山盛りになっているとか、グレイヴィという謎の汁がかけられているとか、そんなことが楽しくて。それもあって、二〇数年後にまたシアトルに博士課程の学生として戻ることにもなりました。

その夏のことを話しだすとキリがありませんが、とにかくアイダホ州の小さな家族経営の農場で、子牛の世話をしたりトウモロコシを収穫したりしてひと夏を過ごしました。テレビにもでたし、地元の新聞にも登場。ぼくは中学に入ってからずっと英語は好きだったけど、この国際交流に参加したことで弾みがつき、本気で勉強するようになりました。将来も外国語を使う仕事をしたいと、真剣に思うようになったのです。

詩と外国語

管　啓次郎

　ぼくは中学生の頃から文学に興味があり、とくに詩が好きでした。きっかけは中1のときに萩原朔太郎の詩集を読んだこと。そのときからずっと詩に興味をもっていますが、じつはぼくのなかでは詩に対する興味と外国語に対する興味がつながっているのです。

　詩のことばは、生活のなかで使うことばをちょっとずつ変えてゆきます。普通とは少し違うことば、ふだんあまり使わない文を、つねに探しながらつくっていくものなのです。なにか新しいいい方とか見たことのない表現を考えるのが詩の基本です。これは自分にとっては外国語とすごく似ている。ある意味では、日本語を外国語みたいに使うのが詩や文学のことばだっていういい方ができる。でも文学が仕事になるなんて思えなかったので、漠然と「語学のプロ」的な仕事に就きたいと思っていました。

――先生の目から見て、ラボをどう思われますか。

　中学生のときに大きな影響を受けた本がありました。種田輝豊著『二〇ヶ国語ペラペラ』（実業之日本社）という本です。北海道のいなかの中学生だった著者が英語に興味をもち、努力の末、留学して英語を習得、次いでほかの言語もどんどん勉強し続けて、ついには二〇か国語をマスターしてしまう。すごい体験談です。外国語のできるできないはもちろん程度の問題で、そんなにたくさんの言語が同じようにできることはありえないけれど、この方はほんとうに英語やイタリア語の達人だったらしく、また北欧語もアラビア語もできたようです。彼の外国語学習法というのは、いい文章をひたすら覚えるというものでした。ラボにちょっと通じる。とくに物語を通じてことばを覚えるという学習方法は、唯一のやり方だと思いますね。物語によってことばを学ぶのは、すごくいいことです。その精神を、ラボっ子のときに学んだといってもいい。

ラボを通じてほかの学校の子たちと会うのが楽しかったですね。とくに女子ですけれど(笑)。所属する学校以外の場所で自分と同年代の人たちに出会える機会というのは、すごくたいせつです。成長するにつれて、自分と同世代の人たちと、白紙の状況から親しい友だちになることはむずかしくなってきます。仕事をはじめると仕事上の役割が優先されて、ほんとうの友だち関係ができにくいし。だからみんなにも、自分の学校以外の同世代の人たちとつきあうことを心がけてほしいですね。新しい出会いは、自分からすすんで探していかないといけないと思います。

管　啓次郎

——翻訳家を志した動機を教えてください。

大学を出るときふつうの会社に就職する気がなくて、出版社でアルバイトをはじめました。その延長線上で翻訳をやるようになり、現在もそれを続けているという感じです。でもね、翻訳はつらいですよ。むずかしい。わかってくると、どんどんむずかしくなってきます。でも日本語という立場からみると、翻訳とはそれまで表現できなかったことができるようになっていく大きなチャンスでもあります。その唯一のチャンスに自分が関わっているのはすごいことです。日本は明治時代からヨーロッパのいろんな概念や制度を全部翻訳して採用してきました。たとえば「哲学」といったことばが翻訳されてつくられましたが、いまではふつうにつかわれる日本語になっている。近代日本は翻訳国家、翻訳社会なのです。これは否定できない。

自分にしかできない文学をめざして

——大学で教えておられることを簡単に教えてください。

明治大学の理工学部で、英語とフランス語を教えています。それから一、二年生むけの少人数ゼミナール。テーマは毎年変えますが過去二年間は作文をやっていました。六〇〇字の作文です。すごく短いけど、「朝日新聞」の「天声人語」のようなコラムが六〇〇字。ひと目で読める長さですが、けっこういろいろなことが書ける。作文の練習には最適ではないでしょうか。学生は毎回テーマを決めて書き、それを読み批評しあうということをやっていました。今年は作文ではなく、宮澤賢治をテーマにします。彼の童話と詩を、とくにエコロジーの考え方から読むとどんなふうに読めるのか、ひらたくいえば動物と人間との関係とか人間とその周囲の自然環境がどう描かれているかということを議論したい。ほかにもいくつかの大学でいろんなことを教えてきましたが、東京大学で担当したカリブ海のフランス語文学が、自分の専門といえば専門。立教大学の大学院では異文化コミュニケイション論、成城大学ではアメリカ・インディアン文学をやりました。

ぼくは、テーマをそのつど設定し、与えられた枠のなかで自分の視点を追求するタイプかなと思います。たぶん翻訳家的態度なのでしょう。なぜそんなことばかりやるかというと、なにかの専門家になりたくなかったのです。そんな人間は、いやでも文学にむかう。文学はあらゆることを考えていますから。あらゆることを考えているというのは、作者自身が考えていないことも文学には書かれてしまうということです。おもしろいですね。小説家が小説を書くとき、物語を自分の頭でつくって書いていると思うかもしれませんが、そうじゃない。小説家というものは自分を越えたものを書いている。その人に流れ込んでくるひとつの時代のさまざまな考え方やいろんなデザインなどが、全部でてきてしまう。これは大学の学部や学科の分け方などとは、まったく違う知識のあり方です。むしろ、そんなことに興味があります。

――いまいちばん力をいれておられることを教えてください。

結局「作文」かな。作文とはなにか。どう書けるか。だれかがすでに書いたようなことを書いても仕方ないし書きたくもない。だからスタイルもそのつど探っていき、題材もその時どきで探っていくような、探求的な作文を書きたい。たとえば小説や詩やエッセイなどといったジャンルに縛られないものをやりたいですね。その文章を通じてしか到達できないようなある種の「世界」を人に見せるものを追求したいと思っています。トラベル・ライティングもその実践のひとつです。昔ながらのいい方だと「紀行文」。でも紀行文は紀行文というスタイルができてしまっているので、それとは違うものをめざしています。別にぼくだけがやっていることではありません。じつは二〇世紀以後の文学というのは既存のジャンルを否定して新しいスタイルに挑戦する人たちがつくってきたものですから。

詩はこう、紀行文はこう、といった先入観があるものですが、ぼくはジャンルにはまったくこだわりません。並んでいることばどうしのぶつかり合いから生まれる一種の視覚的な効果のようなもの、写真を撮ったら思いがけない変な光がでてくることとか変な形や色が見えるなどということがありますが、それに似たようなことを文章のなかで追求していきたいと思っているのです。

自分の道を
――次代をになう若者への励ましのメッセージをお願いします。

そうですねえ。昔、ザ・ビートルズという、世界を席巻したロックバンドがありました。いまも大きな影響力をもっていますが、彼らの最大の教えは「時代は担わなくていい」ということです。ザ・ビートルズの"Hey Jude"という歌のなかに「世界を自分の肩に担おうなんて思うなよ」っていう歌詞がある。ぼくもこの意見に賛成。担おうと思わなくても否が応でも巻き込まれていくのが時代というものですからね。

世界がだんだんクレイジーになっていくな、と思ったときに自分が少しでも正気を保つためにはどうすればいいかということを真剣に考えていれば、それがだんだん周囲の人たちにもいい影響を与える可能性がでてくる。でもあくまで可能性がでてくるだけで、ほんとうにいい方向にすすむのかどうかはわからない。そういうものではないかと思います。

管　啓次郎

いまの日本をみるといやなことが次つぎといっぱい起こりますよね。そういったものに自分が巻き込まれたときどうふるまえるのかということを考えていけば、おのずから答えはでてくるんじゃないでしょうか。うまくいくかどうかわからなくても。さしあたって「時代は担わなくていい、自分の道を追求しよう」といいたいと思います。

〈すが・けいじろう〉……一九五八年生まれ。比較文学者。明治大学大学院理工学研究科ディジタルコンテンツ系教授。比較詩学専攻。アラバマ、ブラジル、ハワイ、ニューメキシコ、アリゾナ、シアトルに通算一二年住み、文化混淆や多言語使用をめぐるエッセイを書きつぐ。ノーベル文学賞を受賞したル・クレジオの『歌の祭り』など英・仏・西語からの訳書多数。著書に『コヨーテ読書』、『オムニフォン』『ホノルル、ブラジル』など多数。二〇一一年、『斜線の旅』で第六二回読売文学賞受賞。元ラボ会員。

【インタビュアー感想】

見知らぬ地平へ

◎──とても貧しかったり、戦争している国の人びともその国で生きています。そういった人びとをなにも知らずにただ同情するのはやめようと思います。

（中島悠花＝中1）

◎──ものごとを一面から見てはいけない、といわれたように思います。いうことは簡単ですが、むずかしいことだと思います。いかに考えるか、感じるかでものの見方が大きく変わるのではないか、と思いました。

（蓮尾絵美＝高2）

◎──話をうかがううちに、先生はたんなる翻訳家ではない。世界を巡っていろいろなことを考えていらっしゃる方だと思いました。翻訳の仕事をするには、その国に行ってその国を知らなければならないのかな、と思いました。

（蓮尾結美＝中3）

◎──人種差別のある地域で暮らす人びとの思いを意識したことはありませんでした。南部＝人種差別＝不幸とあてはめてしまうと思考停止することもあります。そこを一歩踏みこんで考える必要があるのではないでしょうか。

管　啓次郎

◎――管先生はほかの人とは違うオーラをもっていると感じました。話をするのを楽しみにしていたかのような笑顔であいさつしてくださったからです。人生でいちばんたいせつなことは楽しむことなんだなあと思いました。

（井口侑紀＝大4）

◎――「英語だけが世界じゃない」といわれたときは、すぐには理解できませんでした。あたりまえだけど世界の各国ではさまざまなことばがつかわれている。「英語だけが世界じゃない」。間違ってないと思いました。

（井口稜太＝高2）

◎――第一回の国際交流に参加されたということは、すごく勇気があるなあと思いました。ニュージーランドが好きと聞いて、いい所なんだなと思いました。私たちがまだ知らないこともたくさん世界にはあるということを実感した一日でした。

（小川修一＝中3）

◎――物語を通じて覚えるということがいい英語の勉強方法だということや、単語を覚えるだけではだめで、文がわかって単語がわかるものだということなどを学び、ラボはすばらしい活動だと思いました。

（赤尾理菜子＝小6）

（早川亜理沙＝中1）

◎——正しいと思っていたことがぜんぜん違うこともあります。たとえば英語が話せれば世界で通じるわけではないということです。先生の他国で学ばれたことなどを聞いて、私も他国の現状を見たいと思いました。

（松本侑子＝高2）

◎——ただの一般論ではなにも語れないという考えをもち、みずから外国に足を運んだ管先生はすばらしいと思います。このような行動ができたのも管先生の「自分にしか到達しえないものをつくってみたい、やってみたい」という積極的な精神があったからではないかと思います。

（早川真理奈＝高2）

国際交流参加者の感想文

◇……日本では親に任せてあることがたくさんあり，自分が責任をもつということは少ない。もっと自立したいと思った。でもカナダで，いざ自力でやってみると意外にたいへんだった。親が自分の生活を支えてくれていると実感。

（高２男子・09年プリンス・エドワード・アイランド交流参加）

◇……はじめの頃，中国にはマイナスのイメージをもっていた。でもいっしょに生活するうちに，中国人のあたたかさや愛を感じた。最後は日本人よりもあたたかくて愛にあふれていると思うほどだった。

（高２男子・09年中国交流参加）

ほんものは実体験から

大河原良雄
元駐米大使
財団法人世界平和研究所理事
社団法人日米協会会長

「ラボの世界」二〇〇九年四月

大河原良雄

生活が身についてこそ

――一〇代の頃、先生はどのような少年時代を送られましたか。

　私は、一九四二年に大学を卒業し外務省に入りました。その頃日本は太平洋戦争のまっただなかで、すぐに海軍経理学校の補修学生として入校し、翌年一月に任官してラバウルに向かいました。ラバウルはパプアニューギニア領ニューブリテン島にある都市です。南の島というと現在では楽園というイメージが強いですが、戦争当時はたいへんな激戦地でした。爆撃や艦砲射撃を受けました。

　戦争中、英語は敵性語ということになっていました。でも私が旧制の中学生、高校生の頃には、英語の授業はふつうに行なわれていました。中学時代はほぼ毎日、英語の授業がありました。高校では第一外国語に英語をとり、第二外国語はドイツ語でした。高校時代の英語の先生は、イギリス人がふたり、アメリカ人がひとりいたのですが、どの先生もすばらしい方でした。

　ある日、イギリス人の先生がクラスの生徒にむかって「どっこいしょ、にあたる英語はなに?」と質問したことがあります。一クラスにだいたい三〇名くらいの生徒がいましたが、英語がよくできると思われている者でさえ答えられませんでした。その答えを見出したのは数年後のことです。ガリオア留学（P143参照）を終えた私は外務省に戻り、二年間、経済局に勤務した後、ロンドンに赴任しました。そのときのことです。ある日私がバスに乗るのを待っていると、乗り込もうとしていたおばあさんが、孫らしき子どもの背中を押しながら、"Oops-a-daisy!" とかけ声をかけたのです。そこでこれが英語の「どっこいしょ」なのだと気がつきました。

ことばというものは、そのことばが話されている土地で生活しないとものにならない、生活そのものが身につかないとなかなか本物の英語になりにくい、と思ったものでした。

アメリカはあたたかかった

——駐アメリカ大使として活躍してこられた先生ですが、日米交流に興味をもたれるようになったきっかけはなんですか。

ふつう、大学を卒業して外務省にはいりますと、まず一年くらいは省内で働き、それから外国に留学して勉強をします。しかし私の場合、入省したときは戦争中でしたから、外国へ留学することなど思いもよらないことでした。やがて戦争が終わり、日本はアメリカの占領下にはいりました。そこでアメリカは、経済的に破綻状態にあった日本を立て直し、民主主義を根づかせて、日本人のなかから将来の日本を担う人材を育てようという目的で、ガリオア資金というしくみをつくったのです。これには留学の制度も組み込まれていました。対象は学生ではなく、各省庁の役人や銀行員、学校の教師といったすでに社会人として働いている人たちが大部分でした。一九五一年、私はこの三期生としてアメリカに留学しました。

当時、アメリカは朝鮮戦争のまっ最中でした。アメリカは軍隊を朝鮮まで船で輸送していたのですが、送り届けた後の船は空になりますから、私たち留学生はその空船に乗せられてアメリカへ渡ったのです。当時の留学生は全部で四八〇名いましたが、そのうち二〇数名が女性。彼女たちは士官室で生活し、優雅にすごしていたようですが、男性は一般の兵隊が寝泊まりする部屋にいれられ、蚕棚（かいこだな）と呼ばれる三段ベッドに寝かされたのです（笑）。横浜を出航してサンフランシスコに到着するまで、一二日間もかかる長旅でした。

到着すると、まずバークレーにあるミルズ・カレッジという、アメリカでも有名な女子大学の寮で二〜三泊しました。ちょうど夏休みということで空いていたのです。でも私はそこが女子寮だということは夢にも思わず、いいところだなあ、と思っていました（笑）。その後、汽車でニューヨーク州のシラキュースへ行き、そこで六週間のオリエンテイションを受けた後、ニューヨーク州立大学へ行きました。シラキュースは自然に恵まれていましたし、静かなところでしたから居心地がよかったのですが、ニューヨークは騒ぞうしいばかりであまり好きになれませんでした。その悩みをＩＥＡ（International Education Administrator ＝国際教育交流プログラム）という留学の世話をしている団体の係に打ち明けたところ、若い女性職員が心配をしてくれて、彼女の大学の友人家族を紹介してくれました。その家族はクリスチャン・サイエンスの熱心な信奉者でした。そして、私をとても歓迎してくれ、家庭的なあたたかいふんいきにひたらせてくれたのです。私もそのお宅が好きになり、何度かおじゃましているうちに、いつのまにかニューヨークも好きになっていました。

それがアメリカとの最初の接点です。第二次世界大戦では、日本はアメリカと戦い、アメリカに負けました。戦後はアメリカに日本は占領されました。そのアメリカが敗戦国日本からきた貧乏学生をあたたかく迎え入れてくれたのです。それがアメリカとの接触でいちばん強く印象に残ったことです。

友好関係の回復

——外務省で働いておられるときに、いちばん苦労されたことはなんですか。

私がロンドンに赴任したのは一九五四年。まだ、戦争の記憶が生なましい頃です。私たち家族はロンドンのフラット、つまりアパートメントに住んでいました。そのなかに小さな食料品店がありました。近くて便利だということで、妻はよく買い物にでかけたものでしたが、そのなかにいる年をとった女性があきらかにいやがらせをしてくるのです。彼女の夫は戦争中に日本の捕虜になり、ずいぶんひどい目に遭わされたようで、そうとう恨みをもっているようでした。私の長男は六歳だったと思いますが、店に行ってその女性を見ると、おびえてしまう始末でした。一方で救いの手をさしのべる人もいて、イギリスの冷たい面とあたたかい面の両方を味わいました。

だいたいにおいて、イギリス人は親しくなるまで人づきあいはあまりよくありません。日本という国に対しても、長い間、冷淡な態度をとっていました。ようやく日本に対して心を開くようになったのは一九七〇年代になってからのことです。ヨーロッパはＥＣ（European Community＝欧州共同体）をつくり、イギリスはその組織にはいるべきかどうかでかなり苦労をしていたことがあります。その経験から日本の立場を理解できるようになり、対話できるようになりました。

一九七六年から八〇年にかけてオーストラリアに赴任したときも同じようなことを感じました。当時、オーストラリアは白豪主義をとっていました。白豪主義というのは白人のみが優秀であり、有色人種は別扱いをする考え方です。アジアの人に対しても、白人が優位にたつとしていました。

それが、七〇年代にイギリスがＥＣに加盟するという事態に至って、状況が変わってきました。当時、オーストラリアは英連邦にはいっていたのですが、その盟主たるイギリスがＥ

Cに軸足を移してしまった、つまりオーストラリアにとって後ろ盾がなくなることになってしまったのです。一方、日本では戦後の経済復興がすすんで資源ブームが起き、オーストラリアの石炭や鉄鉱石、羊毛をどんどん買うようになってきました。そこで、オーストラリアは日本に大きな関心をもち、日本と友好関係を結ぶようになったのです。

まず自国の文化を

——日本では、英語を幼い頃から学ばせようとする流れが進行していますが、先生はこの状況をどう思われますか。

私は、幼い頃から英語だけを勉強するというのは賛成できません。人間としての基礎がしっかりしないで英語などの語学だけうまくなるというのは、とても疑問に思うのです。日本人であれば、まず美しい日本語を習得し、常識を身につけ、日本の歴史をよく知ってから外国語の勉強をするなら、それはたいへんいいことだと思いますが。

私が、外務省の人事課長だった頃のことでした。当時、大学を卒業して外務省にはいってきた者は、二か月間、省内で働いた後、外国のサマースクールへ行き、そのまま二〜三年ほど外国の大学に留学するということをさせていました。しかし大学を出て二か月くらい働いたとしても、外務省がどのように動いているかなどということはわかりません。自分が外務省の人間であるという意識も薄く、ただ日本からきて留学しているという意識だけで勉強することになります。すると、語学は得意になるかもしれないけれども、外務省の人間としての覚悟は十分ではないまま帰国する、というようなことが起きていました。ですから私は、彼らにまず一年間外務省で働いて、ここがどんな役所なのか、そのなかで自分はどんな仕事をし、どういう役割を果たすのかということを理解させ、身につけさせたうえで留学をさせる、というような仕組みにするよう、省としての方針を変えることにしてもらいました。その判断は、私はいまも間違っていなかったと思っています。

なにかに打ち込む

――一〇代の若者にメッセージをお願いします。

若いうちは、なにかに打ち込んでほしいと思います。漫然と過ごして、貴重な若い時代をむだにするということだけは避けてほしい。日本人として、どのような人間になるべきかという意識をもって、勉強するのもいいだろうし、運動に打ち込むのもいいだろうし、あるいはヴォランティア活動をするのもいいでしょう。なにかに打ち込んで毎日の生活に充実感を感じるようにしてほしいと思います。

〔おおがわら・よしお〕……一九一九年、群馬県生まれ。元駐米大使。財団法人世界平和研究所理事。社団法人日米協会会長。財団法人ラボ国際交流センター理事。四二年東京大学法学部卒業後、外務省に入省。入省直後、海軍経理学校に入校し、四三年海軍主計中尉としてラバウルに配属。四七年復員後、外務省復帰。五一年ガリオア留学生としてアメリカに留学。帰国後外務省経済局に勤務。六二年ハーバード大学国際問題研究所研究員。以後、ほぼ一貫して日米外交に携わる職務を歴任。七二年アメリカ局長に就任。八〇年駐米大使就任。八五年退官後、外務省顧問、経団連特別顧問などを務める。著書に『オーラルヒストリー日米外交』ほか多数。

大河原良雄

【インタビュアー感想】

いま、恵まれた時代だからこそ

◎——自分が参加したラボ高校生留学を通して思い知らされたのは、日本の英語教育が他国の英語教育に比べていかに遅れをとっているかということ、そして自分はいかに英語ができないか、ということでした。だからいま、日本では小学生のうちから英語を学ばせる流れがありますが、ぼくは賛成でした。しかし今回、政府でも働き、日本を内外からみることのできる方から「まず日本語の教育を優先させるべき」という意見をお聞きし、いろいろな見方があることを勉強させていただきました。

また、大河原氏が最後におっしゃられた「いましかできないことをみつけて一生懸命やりなさい」ということばをしっかりと胸に刻んで、一〇代の間にできることを実践していきたいと思います。

（岩岡将宏＝高1）

◎——グローバル化される社会のなかで、私たちはどうしても外の世界ばかりみてしまいがちだ。しかし、自分の国のことをろくに知らないで、どうやって世界で活躍できるであろう。自国のことを知ったうえでこそ英語が役立つのだということを強く感じた。自分の国の歴史、ことば、文化を学ぶことのたいせつさをあらためて感じた。自分の国のことを知らないと外国で文化の交流もできない。自分の国のことが伝えられなくては意味がない。外国語を学ぶまえに、自分の国の国のことを勉強しなさいという先生のことばからそう感じた。

また、先生が留学されていた頃のお話を聞き、いまこんなに恵まれた時代に生まれ、恵まれた条件で留学できた私はどれだけ恵まれているのか、そしてそれがどれだけありがたいことなのかを実感した。いまはお金と本人の意思さえあれば留学できる。それゆえ私たちは、そのことがどれだけ恵まれていることなのか忘れているのではと思った。

（亀田成美＝高2）

◎――大河原先生のお話のなかでいちばん共感したことは、たとえ異国の土地で困難に突きあたっても、それをすべて悪い方向に考えるのではなく、自分の国との違いをすなおに受け入れて、その国その国のありのままの姿を発見したり、その国に対する先入観にとらわれずに土地の人びとのやさしさにふれるべきだ、ということでした。

戦中戦後を通じたいへんな状況のなか、環境も習慣も違う異国の地で問題を解決していくということは、ほんとうにすごいと感じました。私も留学中には、一つひとつの問題を自分が与えられた限られた範囲で試行錯誤し、自分の力で解決する努力をしましたが、その姿勢が大河原先生の姿勢に通じる部分があることを発見して、とてもうれしくなりました。

（盛田毬歌＝高3）

◎――私は恵まれた時代に生まれましたので、昔が貧しかったと聞いても実感はわきませんでした。しかし先生の「私たちの時代の留学は命懸けだった」ということばに、私たちの生活がどれほど安全なものになったかを実感しました。大学に入ることや留学など、一昔前までは一握りの人間しかできなかったことを、いまは望めばほとんどの人が実現できます。だからこそ、与えられたチャンスを生かして自分で行動を起こせるように努力しなければいけないと思いました。

大河原先生から「熱中できるなにかをみつけなさい」というメッセージをいただき、内心ドキッとしました。なぜならいまの私は熱中できるものがないからです。いつの間にか目標がなくなり、一日をむだに過ごすことも多くなりました。なんでもあたりまえと思わず、チャンスを生かして行動を起こさなければ、と思いました。

（小山菜美＝大1）

本書編集委員より　あとがきにかえて

松山幸雄

近頃、「テレビの深夜番組で、知性も品性もどこかに置き忘れてきたかのような若者がバカ騒ぎをしているのを見ていると、この国はいまにどうなっちゃうんだろうと心配になる」とか、「大学生の多くがメールオタクで、人間的接触を敬遠するようになっている」、あるいは「有望な新入社員が海外赴任をきらうのは困ったものだ」といった声をよく耳にします。そのたびに私はラボ国際交流の話をし、また機関誌「ラボの世界」を見せ、「日本もまだまだ希望がもてますよ」ということにしています。そこには、明るく、たくましく、積極的で、国際感覚豊かな若者が着実に育っていることが示されているからです。

円高の影響もあって、海外旅行者は年々増えているようですが、カメラを片手に、観光と買い物に専念するだけの旅行が、国際社会に通用する人材育成に役立っているようにはとても思えません。それに反してラボ国際交流の強みは、単なる旅行ではなく、ホームステイを通して、異文化のまっただ中で生活体験をしてくることにあります。experience の和訳は、「経験」でも「体験」でも、どちらも正解ですが、私にいわせると観光旅行は「経験」、ホームステイは「体験」で、人格形成への持続的影響という点では、決定的な差があります。

私も三一歳のとき、半年間ワシントンのクエーカー教徒の家に下宿したことが、アメリカ社会に入り込むよい跳躍台になったと思っています。ただ、いかんせんタイミングが少し遅すぎました。ラボ国際交流参加者の場合は、主として一〇代という感受性の強いときに、また訪問国のことばも不自由なときに、いままでとまったく異なる環境にひとりで飛び込むわけですから、苦労も多いだけ、また成果も大きい。私自身ここ一〇年ほど、ラボ国際交流参加者や保護者やテューターの方がたから、彼らの急成長ぶりを耳にするたびに、日本の教育の欠陥を思い知らされてきました。いい換えると、「よい子」の意味する内容を、これからは少し変える必要がある、ということです。つまり「知識の量」や「協調性」だけで満足することなく、「個性」とか「魅力的な発表力」とか「短所をけなすより、長所をほめる習慣」「地域社会への貢献」「異文化社会から来た人への思いやり」といった資質がだいじだ、ということです。

「ラボの世界」に連載されている「一〇代とともに」という読み物は、登場する先生方は、いずれも国際交流の実績のある方がたばかりなので、私などは毎回読むたびに、もしも私がラボ会員の年頃のときにこうした文章に接していたら、いま頃はもう少しましな「国際派」になっていたであろう、との思いにとらわれます。

今回、そのなかから編集委員会にて一六編を選び、本にいたしました。掲載原稿のなかには数十年経過しているものもあります。「一〇年ひとむかし」とはいいます。しかし、それぞれのインタビュー記事は、時代の変化はあれど、いまなお色あせない、現在の一〇代の若者の心に届けたい、実体験、そしてそれに裏打ちされた珠玉のことばにあふれています。本書には、国際派をめざす若者はもちろん、広く国際交流に関心を抱く人たちにも参考になることが、たくさんふくまれているものと確信しています。

本書制作にあたり、「ラボの世界」からの転載をみなさんから快諾いただきました。また、本書の巻頭に佐藤学氏（東京大学）からご寄稿をいただきました。末筆ではありますが、編集委員会を代表し、ここに感謝の意を表します。

編集委員　松山幸雄

〔まつやま・ゆきお〕……元朝日新聞論説主幹。一九三〇年、東京生まれ。東京大学法学部法律学科卒業。朝日新聞社の政治部員、ワシントン特派員、ニューヨーク支局長、アメリカ総局長、取締役論説主幹をつとめる。現在は共立女子大名誉教授、ハーバード大学日米関係顧問会議委員、国際交流馬場財団理事、国際交流岡崎財団評議員など。財団法人ラボ国際交流センター理事。

「ひとりだちへの旅」としてのラボ国際交流

一九七二年、アメリカ4Hクラブと提携し、アメリカ・ワシントン州、アイダホ州の二州でラボ国際相互ホームステイ交流がはじまりました。この交流には、一二歳からの青少年が参加できます。同性、同年代のホストフレンドがいる家庭にひとりで夏休みの一か月間滞在する相互交流プログラムです。以来四〇年、このプログラムの参加者はのべ五万五千名を超え、二世代、三世代と続く、心と心を通いあわせる「草の根」の交流活動を続けてきました。交流するグループも増え、アメリカではのべ四六州、カナダではのべ一〇州と一準州、オーストラリア、ニュージーランド、アジアでは中国（北京・上海）、韓国（ソウル・釜山）（アジア交流はおよそ一〇日間）などの諸国と相互交流を継続しています（年表参照）。ラボではこの交流プログラムを「ひとりだちへの旅」と位置づけ、'Rowing to Another Dawn'「もうひとつの夜明けをめざして」をスローガンに展開してきました。

日本人としてはじめてアメリカでホームステイを体験したといわれるジョン万次郎こと中濱万次郎を、「国家を代表したのではなく、自分を代表した」と評した鶴見俊輔氏のことばを、ラボ国際交流はそのまま実践しているともいえます。幕末、少なくない数の漂流民が外国船に救出されていますが、一四歳の万次郎は「漂流」を「交流」に変える力をもっていました。このプログラムに参加する青少年の八〇％は中学一、二年生であり、精神的にも言語力においても未成熟なまま、見知らぬ海外の家庭で過ごします。一か月という短い期間でも、参加者は精神的な「漂流」を未来に続く「交流」に転化しているといえます。

「'Hello.'って簡単なことばなのに、ホストファミリィとはじめて会ったとき、『こんにちは』といっていた」「アメリカのお母さんにハグされてちょっと恥ずかしかった」「ことばではうまく伝わらなかったかもしれないが、気持ちは通じあえた」「アメリカの地平線は麦でできている」……。この交流に参加した青少年のことばから、彼らの経験は思春期に自分自身をみつめ、自分の表現する力を磨いていくまたとないチャンスだということを容易にはかりしることができます。自分の世界を広げていくこの旅は、はじめての挑戦や出会いの宝庫なのです。

また、外国語とそこに住む人びとの生活環境や文化に対する強い興味と関心が高まり、相手をより理解したいという気持ちも強まります。外国の家族との生活体験を通して日本の家族の自分への愛情に気づき、自分の生活態度をあらためたり、ホームステイで刺激を受け、自分の将来への夢を力強く語ったりする参加者の姿は、参加前のそれとは打って変わって、凛々しく、頼もしくもあります。古来、「かわいい子には旅をさせよ」といい習わしてきたように、ラボ国際交流は、ことばの壁、生活習慣の違い、考え方の相違を自分なりに克服することで、ひとまわりもふたまわりも成長できるプログラムです。このプログラムに中学二年生で参加し、現在宇宙飛行士の若田光一氏は「スペースシャトルから暗黒の宇宙に浮かぶオアシスのような青く美しい地球をはじめて見たときの感動は筆舌に尽くしがたい思い出ですが、人生のなかのもっとも大きな精神的な衝撃だったできごとは三二歳の宇宙飛行よりも一三歳で体験したアメリカでのホームステイなんです」とも語られています。

一方、諸外国の青少年を日本の家庭で受け入れるプログラムは、日本にいながらの国際交流を実現してきました。相互ホームステイプログラムであることが家族と家族をも結ぶ交流となり、その後も一〇数年以上、互いの子どもどうしが交流するようになるまで継続している例も多くあります。

ラボ言語教育事業グループの財団法人ラボ国際交流センターは、「この法人は国民の各世代に対して、世界の一員としての自覚をうながし、相互親睦のための国際交流活動を推進し、あわせて他民族文化への理解を深める活動を行ない、もって国際間の平和に貢献すること」を目的に掲げ、四〇年にわたりそれを実践してきました。人と人との交流を積み重ねることが、世界の平和につながると信じているからです。

これらのプログラムを通して、参加者一人ひとりが自信と自立する力を身につけ、感謝の気持ちや思いやりの心を育み、世界に視野を開いていくことを願っています。

ラボ教育センター

ラボ国際交流のあゆみ

一九七二年　ラボ国際交流スタート。一七九名がアメリカ・ワシントン、アイダホ両州4H家庭を訪問。
一九七三年　アメリカ4Hクラブから青少年三一八名が来日。
一九七五年　カナダとの交流開始。中・高生二六名が参加。
一九七七年　韓国との交流開始。小・中・高生一一九名が参加。
一九八一年　神奈川県を通じてマレーシア・ペナン州へラボ会員代表一五名が訪問。オーストラリアとの交流開始。五〇名の青少年が初来日。
一九八三年　一六名の高校生が、オーストラリアへ初訪問。
一九八六年　中国との交流開始。三三名が中国を訪問。「第二言語の習得に関する国際シンポジウム」開催。
一九八七年　ラボ日本語教育研修所設立。「日本語教員養成講座」および「外国人のための日本語講座」を開講。諸外国大学生年代の若者を対象としたインターン・プログラムを開始。
一九八八年　ラボ高校生留学プログラム開始。二一名が一年間の留学生活を始める。
一九八九年　中国・北京の月壇中学との交流で、日中交流史上初のホームステイ交流が実現。

一九九一年　ラボ国際交流二〇周年。イギリス交流開始、二五名が初訪問。青少年による国際シンポジウム「地球破壊と私たち」と教育シンポジウムを開催。
一九九三年　メキシコとの交流開始。一三名が訪問。
一九九六年　ラボ国際交流発足二五周年記念「日米国際教育フォーラム」を、アメリカ・ヴァージニア州ウィリアムズバーグで開催。
一九九七年　「日米国際教育フォーラム」を日本で開催。「日米こども教育フォーラム」を全国二五か所で開催。オレゴン国際キャンプに三七名参加。
二〇〇〇年　日中交流一五周年。「日中青少年シンポジウム」を北京で開催。「日・中・米の三か国青少年による国際シンポジウム」を東京で開催。
二〇〇一年　韓国との交流再開。三二名が参加。
二〇〇五年　日中交流二〇周年。北京と東京で記念式典開催。
二〇〇六年　ラボ国際交流三五周年。国際理解教育ワークショップを全国三五か所で実施。
二〇〇七年　ニュージーランドから八名初訪問。相互交流が実現。
二〇〇九年　アメリカ派遣基準協会（CSIET）認可の非営利団体の四留学機関がラボの高校留学生を受入れ。
二〇一〇年　日中交流二五周年。北京と東京で記念式典開催。

ラボ言語教育事業グループ関連出版物紹介

ラボ教育センターの出版

教育ルネサンスへの挑戦
門脇厚司　汐見稔幸
青柳宏　斎藤孝
田島信元

子育てや教育が危機に瀕している現代。同時代に生きるおとなになにができるか活動の事例をもとに専門家と語る。ラボ発足三五年記念の図書。

育つ力と育てる力
田島信元　田島啓子

子どもの能力とことばの発達について、発達心理学の立場から説いた本。

エリナー・ファージョン
ファンタジー世界を読み解く
川越ゆり

ファージョンの創作ファンタジーを読み解き、児童文学とはなにか、ファンタジーとはなにかを考える。

北京　もうひとつの家族
神山典士

日本のラボ会員と中国・北京市の月壇中学校の生徒たちとの交流を描いたルポほか。

東京言語研究所の出版

東京言語研究所40年の歩み
東京言語研究所
開設40周年記念誌

言語学を学ぶ場として発足した東京言語研究所の四〇年の歩み。

ことばの宇宙への旅立ち（1～3） 大津由紀雄
10代からの言語学

ことばについて、常識とされていることを鵜呑みにせずに自分で考え実験しようという楽しい言語学の本、三部作。

アートデイズの出版

大人になったピーター・パン 門脇厚司 田島信元

ラボ会員OB・OGのインタビューを通して得た、ラボ・パーティの真価。

ことばと自然 鈴木孝夫 C・W ニコル
子どもの未来を拓く

ことばについて、自然について、そして子どもたちの未来について語りあった鈴木孝夫氏とC・W ニコル氏の対談。

筑摩書房の出版

ことばの野性をもとめて 河合雅雄 鶴見俊輔 本田和子 村田栄一
こども ことば 物語

ラボ発足二五年記念シンポジウムで、こども、ことば、物語をめぐって各界の第一人者が語る。豊かな見識に裏付けられた示唆が得られる一冊。

ひとりだちへの旅 神山典士
三〇〇〇〇人のホームステイ体験

一か月間、小・中・高校生が異国の家庭で生活するラボの国際交流。その体験を通してつかんだものは何か。

ラボ教育センター新書　002
「10代とともに」語りあう
「異文化」交流を成長の糧に

2011年4月1日　初版発行　　定価：本体800円＋税

発行者　時本 学
発行所　ラボ教育センター
東京都新宿区西新宿6－24－1（〒160-0023）
電話 03-5324-3401（代）
FAX 03-5324-3409
印刷所　株式会社　光陽メディア
製本所　株式会社　光陽メディア
ISBN 978-4-89811-111-6 C0237